Hermann Fölster

Sprachliche Reimuntersuchung

der Miracles de Nostre Dame de Chartres des Mestre Jehan le Marchant

Hermann Fölster

Sprachliche Reimuntersuchung
der Miracles de Nostre Dame de Chartres des Mestre Jehan le Marchant

ISBN/EAN: 9783743651579

Hergestellt in Europa, USA, Kanada, Australien, Japan

Cover: Foto ©Thomas Meinert / pixelio.de

Weitere Bücher finden Sie auf **www.hansebooks.com**

AUSGABEN UND ABHANDLUNGEN

AUS DEM GEBIETE DER

ROMANISCHEN PHILOLOGIE.

VERÖFFENTLICHT VON E. STENGEL.

XLIII.

SPRACHLICHE REIMUNTERSUCHUNG

DER

IIRACLES DE NOSTRE DAME DE CHARTRES

DES

MESTRE JEHAN LE MARCHANT.

VON

HERMANN FÖLSTER.

MARBURG.

N. G. ELWERT'SCHE VERLAGSBUCHHANDLUNG.

1885.

So grosse Fortschritte auch die Erforschung der alt-
französischen Dialekte und namentlich der des Westens und
Nordens in den letzten Jahrzehnten gemacht hat, so giebt es
doch auch hier noch Gebiete, über deren Sprache man nur
annähernd klar unterrichtet ist, da es ihnen entweder ganz an
litterarischen Denkmälern fehlt, oder dieselben noch einer Ver-
öffentlichung beziehungsweise nähern Untersuchung bedürfen.
Hierher gehört besonders das Gebiet zwischen der Normandie
und Isle de France, also die alten Landschaften Perche und
Beauce mit Chartres, aus denen bisher keine Urkunden bekannt
geworden sind, und denen auch nur eine Dichtung: »Les Miracles
de Notre Dame de Chartres« anzugehören scheint. Diese in
mehr als einer Hinsicht interessante Mirakelsammlung bietet
also bisher die einzige Möglichkeit, den alten Dialekt jener
Gegenden näher kennen zu lernen, und dürfte es daher eine
lohnende Aufgabe sein, denselben nach diesem Gedichte näher
zu kennzeichnen und mit seinen beiden grossen Nachbardialekten
zu vergleichen. Das soll in nachstehender Arbeit geschehen.
Zunächst wird es nöthig sein, einige Bemerkungen über unseren
Text vorauszuschicken.

Auf der Bibliothek zu Chartres als Theil der Hs. Nr. 18
aufbewahrt, wurden die Mirakel 1855 von M. Duplessis, Rektor
zu Douai, veröffentlicht, und zwar, um sie auch weitern Kreisen
verständlich zu machen, mit angefügtem Glossar. Letzteres
genügt jedoch den jetzigen Anforderungen der Wissenschaft
nicht, zumal es manche der selteneren Wörter entweder ganz
auslässt oder falsch erklärt.

Was die Abfassungszeit der Sammlung betrifft, so stammt die Hs. aus dem Ende des XIV Jh., die Dichtung ist aber, wie wir gleich sehen werden, bedeutend älter. Sie besteht aus 32 Mirakeln, die sich meist auf den Brand und Wiederaufbau der Kirche von Chartres beziehen, zum Theil jedoch auch Wunderthaten in andern Städten feiern, die wir auch bei andern Mirakeldichtern, wie Hugues Farsit und Gautier de Coincy, erwähnt finden. Der Vers ist der paarweis leoninisch-gereimte 8-Silbner.

Ueber den Verfasser selbst wissen wir nur das, was aus seinen eigenen, eingefügten Bemerkungen hervorgeht, doch ist dies mehr und ungleich wertvoller, als was uns sonst im allgemeinen über altfranzösische Dichter bekannt ist. Am Schlusse bemerkt der Verfasser nämlich, dass er, Mestre Johan le Marcheant, dieselbe im September 1262 vollendet habe und knüpft hieran eine Lobpreisung der königlichen Familie und besonders des Königs Louis IX, der ihm die Präbende von Peronne verliehen habe. Weiter erfahren wir aus der Einleitung zum dritten Mirakel, dass seine Vorlage ein lateinisches Mirakelbuch gewesen, dessen Verfasser Augenzeuge sowol des Brandes der Kirche als auch der verschiedenen Wunder war.

Cil qui le latin en escrit
Vit quant quil mist en son ecrit.

und dass er, Johan, bei Wiederauffindung dieses lange verlorenen, kostbaren Buches auf Wunsch des Bischofs Mahe und aus Verehrung für die heilige Jungfrau es in's Romanische und in Verse übertragen habe, um es so auch den Laien zugänglich zu machen.

Li lai par droit au[s] clers satendent
Qui leur exposant lescriture
Qui leur est a entendre ocure
Por ce voil ge mentente mestre
Que ge leur expose la lestre . . .

Nach dieser Erläuterung über Art und Verfasser unserer Dichtung wenden wir uns zu unserer eigentlichen Aufgabe und werden nach vorangestelltem Rimarium uns eingehend mit der daraus sich ergebenden Lautlehre beschäftigen und zum Schluss auch das Wesentliche aus der Flexion hervorheben. Die vortonigen Silben der männlichen leoninischen Reime haben wir in dieser Untersuchung nicht in Betracht gezogen.

Rimarium.

a.

-abet *prs.* +-avit:4,1. 7,2. 8,17. 11,9. 15,12. 20,26 etc.; — *fut.* + -avit: 95,2 + ∞: 15,21. 34,7. 94,28 etc.

-ae *adv* +-avit: 108,31. 115,16. 180,2.

-avit *prt.* +-abet, -ac +∞: 1,15. 2,16. 4,4. 8,24 etc.

able.

-*abalum *sb.* + -abilis: chaable 81,25.

-abilem *a. f.* + -abilis: estable 46,1; — *a.m.* +-abilis, -abolum, -abulum.

-abilis *a.f.*+-*abalum, -abilem, abulam 81,26. — 46,2. — 14,24. 78,16. 130,18. — 5,5.

-abolum *sb.*+-abilem: deable 164,14.

-abulam *sb.* +-abilem : fable 80,11.

-abulum *sb.* +-abilis: estable 5,6 ').

ables.

1)-abiles *a. m. n.* +*o.*: 207,9.

2)-abilesa.*f.o.*+-abilis:42,6; +∞ 137,13.

-abilis *a.m.n.*+-abiles : 42,5; +-abolus : 63,25; +-abulas:17,4; + ∞ 91,30.

-abolus *sb.* +-abilis:63,26.

-abulas *sb.* +-abilis : fables17,3.

uce.

-aceam+-atium : filluce 151,6.

-acia+-aciem:trace 4,22.

-aciat *prs. c.* + -aciem :face 110,10; +-atiam : face 164,2.

-aciem *sb. f.* +-acia, -aciat:face 4,23 110,11.

-ateam *sb. f.* +-atiam, -atium : place 61,30. — 165,23.

-atiam+-aciat, -ateam, -atio : grace 61,29. 164,1. 210,20; +∞ :11,24. 15,7.

-atio *sb.f.n.*+-atiam : auocace 210,21 *).

-atiumsb.*m.o.*+-aceam,-ateam: espace 151,5. — 165,22.

aces.

-acias *prs.c.* + -atias *sb.*: faces:graces 166,11.

1) Wohl männlich, wie oft im Altfrz.
2) Dieses Wort habe ich sonst nirgends verzeichnet gefunden. Auch in unserem Texte findet es sich nur hier: »Or prion . . . La dame quelle par sa grace Vers son filz soit nostre auocace«. Seiner Bildung nach entspricht es wohl am besten dem latein. *advocatio* und wäre dann eins von den wenigen Fem. der lateinischen *i* u. konson. Deklination, die aus dem *cas. rect.* gebildet sind, wie *préface, dédicace, collocace, confesse,* von denen die meisten ja noch jetzt gebräuchlich sind. Da es hier aber im Sinne von »Fürsprecherin« steht, so ist ein Wandel des Abstractum zum Concretum anzunehmen, der ja auch durchaus nicht vereinzelt steht; vgl. ital. *podestà* und anglo-normannisches*justice.*

4

aches.
-aches sb. f. n. +-atices : taches : naches 65,20.

acre.
-aconum sb.+-agram sb.: Fiacre : poacre 199,5.

ade.
-abitum a. m.+-apidam : malade200,27.
-abiti a. m.+-apidam : malade79,23; — +-atui : malade 196,12.
-apidam a. f. +-abiti, -abitum : sade 79,22. 200,26.
-atui a.+-abiti : fade 196,13.

ades.
-abitos a. o. +-*apidas a. n., a. o.: malades : sades 198,11. — 199,12.

age.
-apiam a., -apii a., -apias a.+-aticum sb. o.: sage 189,18. — 70,15. 97,11. — 11,20. 108,16.
-aticum sb. o.+-apiam : malage 189,20; +-apii : domage 97,10; mesnage(s) 70,14; +-apius : vilage 11,21; aage 108,17; +-aticus : pelerinage 120,18; + ∞ : 4,26. 5,27. 32,23. 43,3. 53,8. 57,4. 67,20. 74,15 etc.
-aticus sb.+-aticum : corage 120,17.

ages.
-agines sb.f. +-*aticos : images 209,22.
-aticas a.f.+-aticos : sauuages 38,7.
-*aticos sb. +-agines, -aticas, -aticus : mesages 209,21. — 38,6. — 128,29.
-aticas sb. n. +-*aticos sb.: domages 128,18.

ai, ei.
1) -abeo prs. +-acum 42,21; +-alci 22,2. 74,6; — fut. +-acum 127,25.

-acum sb. o., a. +-abeo : Prunai 42,22. — 127,26.
-*acum sb. o. +-alci sb. pl. delei ¹) 103,3. 171,2.
-alci sb. pl. + -acum; +-abeo : lei 22,1. 74,5.
2) -apio prs. +-aviprt.: osei : sei156,20.

aie vgl. oie.
1) -a(b)eam prs. c. +-alca a. s.: aie : laie 2,1.
2) -acam a. +-ebam : veraie 102,14. 147,20; +-agam : veraie 167,12.
-aga sb. +-ebam : plaie 7,15.
-agam sb. +-acam a.: plaie 167,11; +-icat prs. i.: plaie 67,16.
-ebam impf.+-acam : enssignoie102,14; +-aga : fiaie 7,16; — cond. +-acam : seroie 142,19.
-icat prs. i. +-agam : emplaie 87,15.

aient s. oient.

aies.
-acas a.+-edas prs. c. veraies : craies 139,1.

aigne vgl. oigne u. eigne.
1) -anea sb. f. n. +-*angam(?) sb.: montaigne : empaigne 203,13.
2) -aneam sb.+-ania : montaigne 183,9; +-endeam, -ignat, -*unia : ouuraigne 19,3. — 123,4. — 150,21.
-ania sb. f. +-aneam, -aniam : compaigne 183,8. — 182,12.
-aniam sb. f. +-ania, -igniam : champaigne 182,11. — 102,25.
-endeam prs.c.+-aneam : apraigne19,2.
-eneat prs. c. +-ignat : tiegne 133,4.

---

1) Vgl. Förster in: Gröbers Z. VI. 108.

-igmat *prs.i.*+-aneam, -ŭneat : enseigne 123,5. — 138,5.

-igniam *sb.*+-aniam : enseigne 102,26.

-*unia *sb. f.*+-aneam : besoigne 150,32.

aignent.

-angunt + -ingunt : plaignent : estaignent 191,11.

aille.

-aoula *sb.* + -*aliam *sb.*: deulnaille : touaille 176,7.

-aoulam *sb.* +-aleat *prs. c.*: maille : chaille 133,11.

aillent.

-*aculant *prs.i.*+-aliunt *prs.i.*: trauaillent : assaillent 180,15.

ain, ein.

-amen *sb. m.* +-anum *sb. f.*: arein 98,1.

-ane *adv.* +-anum *sb. f.*: main 43,7. 198,15. 203,22.

-anem *sb. m.* +-anum *sb. f.*: lendemein 68,14. 153,3. 159,9; +-ĕnus *a. m.*: pain 35,6.

-ani *sb. pl.* +-anum *sb. m.*: chapelain 201,31.

-anis *sb. m. n.* +-anum *sb. f.*: pein 50,4.

-anum *sb.f.*+-amen, -ane, -anum *m., a.*: mein 98,1 — 43,8 — 153,4 — 10,2. — 16,13. 54,20. 197,9 — 16,13.

-anum *sb.m.*+-ane, -ani, -anum, -anus *a.*

-anum*a.*+-anum*f.*: 16,12. 54,19. 197,16; +-anumm.173,9. -Inum 194,17. 201,1.

-anus *sb. f. s.* + -ēnum : mein 173,22. — *a.*+-anum *sb. m.*: loiatain 42,24.

-ĕni *a.* +-ēnus : plein 82,12.

-ēnum *a.* +-anus : plein 173.21.

-ēnus *a.* +-anem, -ēni : plein 35,5. 81,11.

Ïnum *sb.* +-anum *a.*: sein 194,16. 201,2-

aindre, eindre.

-andior *a. m.* +-angere, -ŭuere, -ingere graindre 22,20. — 158,2. — 68,27.

-ânere+-angere : remeindre 145,21.

-angere + -andior, -anere, -inguere: plaindre 22,19; — complaindre 145,20. — 4,18.

-ĕmere+-andior : geindre 158,3.

-ingere + -andior : ateindre 68,26; +-inguere : estreindre 12,21.

-inguere+-angere, -ingere : estreindre 4,19. — 12,20.

aindrent.

-*inserunt *prt.* +-inguerunt *prt.* remeindrent : estaindrent 209,29.

aine, eine (oine).

-ana *sb.* +-anam *a.*, -ena *a.*: fontaine 206,25. — 211,7; — *a.*+-anam *sb., a.*, -ena *sb., a.*: seinne 176,20. — 46,9. — 164,26. — 44,28; +-equanam : 166,3; +-Ina : dareine 109,28; +-inat, -*inium :131,7. 151,1.

-anam *sb.* +-ana :leine 176,19; + *a.*: semeine 150,10; + -ena : fonteine 61,23; — *a.* +*sb.* : preuchaine 150,9; +-anasb., a.:humeine206,24. — 46,10; +-an(i)am:souuereine120,11; certeine 142,11; +-Inat, -ōniam : 25,2. — 66,7.

-anat *prs. i.* +-Ina : seine 95,26.

-an(l)am *sb.* +-anam : Aquiteine 120,12. 142,22.

-ĕna *sb.* +-ana : aleine 164,25 ; — *a.* +-ana, -anum, -ēnam : pleine 211,8. — 61,24. — 169,12.

-ēnam*sb.*+-ēna, -oenam : auoine 169,11. — 167,27.

-ēq(ua)nam+-ana : Seine 166,4.

6

-*ĭna *sb.* +-ana,-anat : marraine 109,25.
— virgieine 95,27.
-ĭnam *sb.* +-ēnam : famaine 28,17.
-ĭnat(ur)*prs.*i.+-ana, -anam, -oenam :
moine 131,8.— 25,3.— 160,7; meine
163,1.
-*ĭn(i)um *sb.m.*+-ana : diemeinne 151,2.
-oenam *sb.*+-ēnam, -ĭnat : poine 168,1;
— peine 162,31.
-ōniam *sb.f.*+-anam : essoine 66,8.

ains, eins.
1) -anctos *sb.*+-ignos *sb.* : seins 170,10.
2) -anoaa.+-anus : seins 46,5.
-anus *sb.m.s.* + *f.* : chapelains 161,8.
169,27; — *sb.f.pl.o.*+-anos, -anus
m.,-ĭnus : mains 46,6.— 161,9. 169,28.
— 145,3. 151,4. 190,1. 196,30. 198,9.
199,10.
-ĭnus *adv.* +-anus : mains.

aint, eint.
1) -anotum *sb.* +-anet(?) *prs.c.* : saint :
seint 168,20.
2)-anet*prs.*i.+-*anti : meint 3,16. 46,13.
166,6.
-angit *prs.i.* +-*anti, -inctum : pleint
165,14.— 163,27; +-anctum : seint
168,21.
-*anti *a.* +-anet, -angit : meint 3,15.
46,12. — 166,5.
-inctum *p.p.* +-angit : enfreint 163,26.

ainte, einte.
-anctam *sb.* +-incta *p.p.* 24,5. 176,31.

aire, eire, ere.
1) -acere *inf.*+-agire : feire 51,4; teire

49,13; + -abere, -aria, -ariam;
+-*atrium : pleire 6,9; +-edere : tere
48,14.
-acere *sb.* +-aria, -atrium : 53,3. 60,2.
-*agire + -acere, -aria : breire 49,12·
51,5. — 192,16.
-agrat *prs.* +-aria : flere 168,25.
-ahere *inf.* + acere : atreire 60,12;
+aria : traire 34,23.
-aria *a.* +-acere *inf.*, *sb.*, -arium : de-
bonneire 34,4. 37,23. — 53,2. — 20,5 ;
+-ahere : deputaire 34,24.
-arium *sb.* +-aria, -ēdere : 20,6. 38,22;
+-ĭgera : deteire¹) 107,21.
-*atrium *sb.o.* + -acere : repaire 72,31.
60,3. 183,22. — *n.*+-acere *inf.* 6,10.
-ēdere *inf.*+-acere,-arium : craire 48,13.
— 38,23.
-ĭgera *sb.* +-arium : Leire 107,20.
2) -yterum *sb.* +-*arius *sb.* : vicaire :
prouaire 154,23.

aires.
-*arias *adv.* +-arios *a.* : guieres : con-
traires 112,19.

ais, ois.
1) -aesum *sb.o.* +-*ĭtium *sb.o.* : Blois :
noblais²) 142,9.
2)-asium *sb.o.* +-*ipsum *adv.* : Gatinais
67,26. 96,23.
-*e(n)ses *sb.* +-*ipsum *adv.* : Francois
182,17.
-*ĭpsum *adv.* +-asium, -*e(n)ses : deme-
nais 67,27. 96,22. — ençais 182,16.

---

1) Ein sehr seltenes Wort, für das Godefroy auch nur diese Stelle anführt
und das er =*circonstance* erklärt,während wir es mit »Zeitabschnitt« wiedergeben
und aus dem vulgärlat. *detarium*=*sextarium* herleiten möchten, da ein solcher
Begriffsübergang ganz gut denkbar ist. Es findet sich hier 3 mal im Text:
73,25. 107,21. 129,6.
2) Auffallende Masculinform. Vgl. Andresen: »Ueber Einfluss von Metrum,
Reim und Assonanz auf die Sprache der afrz. Dichter« S. 11.

aise, eise, ese.

-aceat prs.c. +-°asiam sb.: plese: mesese
69,28; + a.: plese: mauuese 119,18.
-acem sb. +-°asiam sb.: fornaise: mesaise
28,19.

eit, et.

-°acit prs. +-actum : fortreit 76,17 ;
retreit 66,29; desheit 156,19.
-acti p. p. +-actum sb.: 60,22.
-actum p. p. +-acti ; +-acit, -actus:
66,30.¹) 156,18. — 87,13.
-actus p. p. +-actum: treit 87,12.

eiue.

-aqua sb. +-ĩp(i)at prs.c.eiue: aperceiue.

al (vgl. el, eu).

1) -alem a. m.+-alem a.f.:9,28. 206,14 ;
— f. +-alis a.f.: 23,3.
2) -alum sb. o. +-allum adv.: mal: aual
29,3.

ambe.

-ammulam sb. + -ammulat prs. i.:
flambe: efflambe 12,22.

ame.

aninam sb. +-ĕminam : ame 165,11 ;
+-õmina : ame 13,4. 189,25.
-ĕminam sb.+-aninam, -ominam : fame
165,10. — 45,25. — 192,8.
-emma sb. +-õminam : gemme 111,15.
-emina sb. +aninam: dame 13,3.189,26.
-eminam sb. +-eminam, -emma: dame
45,24. 192,9. — 111,16.

ames.

1) -animas sb.+-ominas: 15,26.
2) -ominas sb.+-ominas:199,16.203,7.

an.

-annem sb. o. +annum sb, o.: Johan: an
91,10.

ance, ence.

-antiam sb. o. +-entia : remenbrance
148,21; +-entiam:acointance210,11;
deliurance 170,21; demonstrance
12,6; doutance 68,25. 70,23; fiance
172,21 ; remenbrance 160,17.
-antiat prs. i. +-entiam:auance 25,1.
-entia sb. n. + -antiam : puissance
148,22.
-entiam sb. o. + -antiam : penitance
160,18; poissance 71,24. 170,20.
127,5. 172,20. 210,10; porueance
68,24; + -antiat : penitance 24,31;
+ -innum-eccehoc:science 184,23;
— + in-eccehoc: conscience 144,7.
-innum-eccehoc pr. n. +-entiam sb.
sen-ce ²) 184,24.
in-eccehoc pr. o. + -entiam sb. en-ce
144,8.

anche.

-ancam a. +-anicam sb. : blanche:
granche 136,6.

ande.

-andam sb.f. +-andat prs.i.: commande
85,11; viande 69,1. 115,28.

ange.

1) -ambiat prs. i. + -anea a.: change:
estrange 132,4.
2) -aneat prs. i.+-anei a.: estrange 6,3.

anges.

-aneos,-aneusa.+augelos sb.:estranges:
anges 90,2. — 141,2.

---

1) Ich lese: 'Icil dont j'ei le romanz treit' st. 'I. d. ici le r. t.'
2) Ich bessere: 'Mes moult (bi)enpoira son sen ce' st. ‚M. m. bien
poira s. s. ce'.

ans.

1) -andes a. f. o. +-antes adv.: grans: ytans 64,10.

2) -andis a. f. +-antes;grans 195,18. annes sb.+-antes, -an(i)cium:ans 211,1. — 11,17.

-antes sb. pl. o. +-annes, -andis: passans 211,2; — enfans 195,17.

-án(i)cium sb. m. o. + annes : romanz 11,16.

ant.

1)-andatprs.i.+-andum sb.o.:commant 195,29.

2) -andet prs. c. +-ando ger.: demant 58,24.

-ande ger. +-andet, -ante, -antem, -antum.

-ámite prs.i. +-ante adv. vant 107,15.

-ante adv. +-ando, -anito, -antem: devant 6,22. 67,12. 147,8. — 107,16. — 37,26. 99,27.

-antem sb. o. +-ando, -ante, -antem a. v. m. o., -entem:167,24') -- 37,25 — 54,11. 60,28 — 108,4; — a.v.f. n. + -ante : vivant 99,26 — m. n. +m.o.:78,17; — f. o.+-ando ger.: 69,21 — p. p. + -ando, -antes, -antum:7,20.155,12.197,16.— 60,18. — 109,12.

-antes a.v.pl.m.n. +-antem p. prs.: pesant 60,19.

-antum adv. +-ando, -antem p.prs.: itant 77,4. tant 56,19. atant 155,23. — 109,11; quant 190,5.

-entem sb. + -antem sb.:sergent 108,5.

ante.

-antat prs. i. +-inta num.: chante: soiseante 209,23.

arde.

-*arda sb., a. +-*ardam : musarde51,12; coarde 83,15.

-*ardam sb.+-*arda, -*ardat, ard(e)at: garde51,13. 33,14. — 21,14. 29,17. 86,17. — 203,25.

-*ardat prs.i. +-*ardam:garde. ard(e)at prs. c. +-ardam: arde 203,26.

arge.

-arga a. f. +-arricam sb. large : charge 78,11.

ars.

-arros sb. +-artes sb. chars: ars 40,5.

art.

-artem sb.f.+ardet, -seret, -artit prs. i.: part : art 18,8. aart 203,28. part 131,28.

artres.

-arceres sb.f.+-*arnotes: chartres15,3.

-*arnotes sb. + -arceres, -artulas, -*astrus : Chartres.

-artulas sb. +-*arnotes:chartres 18,12. 129,2.

-astrus sb. +-*arnotes: emplastres13,2.

as.

1) -abes prs.+-asti prt.:as:donas139,6.

2) -assum sb. + -assus sb. pl. o.:pas 52,23.

asse.

1)-acesm sb.+-assa:boiasse:lasse44,12.

-apsa sb. n. +-assat:chasse 28,2.

-apsam sb.o. +-assat, -assem, -ateam 20,8.116,11.170,26.— 123,27.— 171,14.

-assat prs.i. +-apsa, -apsam : passe 28,1. — 20,17 etc.

-assem impf. c. +-apsam.

---

1) *paysant*; wohl Suffixvertauschung anzunehmen, *antem* für *anus.*

-ateam *sb.* +-apea : masse.

au (vgl. al, el).

-alem *a. f. o., m. o.* +-ellum *sb. o.* : reau, leiau : fleiau 179,27. 159,31.

aume [laume].

-*elmum *sb.* +-*elmus: hiaume : Guillaume 84,28.

aumes [eau, iau].

-almas, -*elmos *sb.* +-elmus : paumes : Guillaumes 170,15. hiaumes : Gousseaumes 181,26.

aus (iaus).

1) -aculos *sb.* +-iculos *a.* : fermaus : vermaus 40,13.

2) -alis *a. m. n.* +-illes *sb.* : leiaus : seiaus 188,6.

3) -altus *a. m. n.* +-*illus *sb.* : hauz : consaus 192,25.

4) -ellos *sb.* + -ellus *sb.* : moraiaus : vessiaus 115,14.

aut.

-alit *prs.* + -altum *sb.* asaut : saut 133,19.

aute.

-allitam *sb.* +-altam *a.* : faute : haute 210,2.

aux (eaux).

-ales *a. m. n. pl.* +-ellos *sb.* : paroissiaux : tropeaux 41,12.

e.

-atem *sb. f. a.* +-atem *sb. f. n.* : 23,11. 130,15 ; — +-ati, -atum, -atus.

-ati *p. p.* +-atem-, -atos, -atum, -atus.

-atos *p. p.* +-ati, -atum, -ĕum 30,7. — 26,14. — 29,31.

-atum *sb.* + *p. p.* : le 86,31 ; pensee 134,25. — 18,21. 197,24.

-atum *p. p.* +-atem, -ati, -atum, -atus, -eum 16,23. 38,18,30. 42,16 etc. — 43,27. 60,27 etc. — 18,22. 87. 134,24 etc. — 8,10. 129,23. 134,10 etc. — 12,2 156,13.

-atus *p. p.* +-atem, -ati, -atum, -ĕum 126,18. 135,9 etc. — 37,30. 71,28 etc. — 8,11. 129,4 ; 54,23.

-ĕum *sb.* +-atos, -atum, -atus : de.

ee.

-ata *sb.* +-atam : renommee 61,11 etc. ; +-atat : pensee 133,15 ; —*p. p.* +-atam *sb.* 64,31 ; +— 10,21. 42,17. 100,28 ; +∞ : 4,24. 5,31. 9,15. 15,31. 122,29 etc.

-atam *sb.* +-ata *sb.* 61,12 ; +—*p. p.* : ahee 65,1 ; +∞ : 14,10. 28,31. 144,25 etc. ; — *p. p.* +-ata ; +∞ : 1,3. 7,3. 21,16. 27,20 etc.

-atat *prs. i.* +-ata : agree 133,16.

ees.

-adas *sb.* +-atas *p. p.* : espees : escoutees 182,9.

egne, eigne.

-egnat *prs. i.* +-egnum *sb.* : regne : reigne 42,1.

eil.

-ilio *prs.* +-ilium *sb.* : conseil : conseil 131,19.

eille, oille.

-iculam *sb.* + -igilet *prs.* : oreille : esueille 8,23 ; — *a.* + -ilia *sb.* : pareille : merueille 176,6.

-iculat *prs. i.* +-iliam : sommeille 196,27.

-iculem *prs. c.* +-iliam : apareille 67,6.

-igilat *prs. i.* +-iliam : resueille 88,25.

-iliam *sb.* + -iculat, -iculem, -igilat, -iliat : merueille ; meruoille 118,19.

-iliat *prs. i.* +-iliam : meruoille 118,20.

1*

eindres, endres.

-ineres *sb.* -*ínores *a. m.* : cendres: meindres 177,8.

einent.

-*inant(ur) *prs. i.* +-*in(g)unt *prs.*: meinent:ateinent 78,21.

eite, oite vgl. este u. ete.

-aota *a.*+-eota *a.*: contreite :droite46,7.
-aotam *p. p.* +-icta, -ittam.
-ëta *sb.* +-*it(t)at *prs. c.*:seite:meite 191,21.
-*ettam *sb.* +-itta *sb.*: chareite :Breite 103,16.
-icta *p. p.* +-actam : detreite 208,1.
-ittam *sb.* + -actam : filleite 53,29. meschineite 100,21 : feite, treite.

eitre, estre.

+it(t)era *sb.* +-*it(t)ere :leitre: meitre 101,23. mestre 59,16.

el.

-ale *adv.* +-are *sb.*: autel : autel 116,2.
-alem *sb. m.* +-alem *a. f.*, -alis, al(i)ud ; +-alem *a. m.*: chastel, otel : tel 70,30. 135,30.
-alem *a. f.* +-alem *sb.*: tel 51,22.
-alis *a. m.* +-alem *sb.*: tel 64,2.
-*al(i)ud *a.* +-alem *sb.*:el 204,15.

elle.

-ella *sb.* +-ellam, -illam : pucelle21,27.
— 198,19. vertevelle 29,25 ; — *a.* +-illam : belle 14,14. 137,10.
-ellam *sb.* +-ella, -ellat, -illa, -illam ; — *a.* +-illam : nouelle 8,31.
-ellat +-ellam : apelle 6,30. 163,7. chancelle 150,3. 159,13.
-illa *sb.* + -ellam, -illam : ancelle 70,21. — 107,14.

-illam *sb.* +-ellam : essele 122,16 ; — *pron.*+-ella, -ellam, -illa 4,17. 198,19. 8,30. — 107,13.

emble.

-imilat + -ímul *adv* : resemble : ensemble 9,2. 50,12. 96,16. 124,19.

embre.

-*embri *sb.* + -ěmorat : membre : remenbre 51,10. 134,7.
-embrum *sb.* + ěmoro : septembre : membre 211,3.

ende.

-endat *prs. c.* +-endam *sb.* : deflende: offrende 112,4. 120,26; tende:offrende 132,14; descende : amende 206,7.

endre.

-endere *inf.* +-ěneram, -inerem ; + ∞: 31,18. 43,21. 49,22 etc.
-ěnera *a.* +-ínor *a.* : tendre:mendre 86,25.
-ěneram *a.* + -endere : tendre 8,29. 115,13.
-ínerem *sb.* + -endere 13,14. 17,25. 129,31.

ens, enz.

-empus *sb.* + -ensus *sb.* : tens : sens 164,18.
-entes *sb.* +-intus :dens:dedens 3,22.
-*entos *sb.* +-intus : vestemenz:dedens 176,2.
-*uum-s +-ensus:suens 211,17.

ent.

-endit *prs.* +entem, -entum : estent 206,26; descent 132,9.

-enitum a.+-entem:gent102,25.122,14.
-ente adv. + -entem, -entit, -ento,
-entum +∞:17,19. 25,30. 32,5 etc.
-entem a. m. + -endit : omnipotent
206,27; -*ente9,11; +-entum:present
126,19; — sb. n. +-ente 185,23; —
sb.o.:gent 165,3. 182,27; +-enitum
102,26.
-entit prs.+-ente:ment 116,10; sent
153,9; +-entum.
-ent(i)o prs. +-entum:sant 156,31.
-ento prs. +-ente:dement 110,18.
-entum num. +-endit:cent 132,8; —
sb. +-ente, -entem, -ent(i)o, -entit:
torment 3,17; remenbrement 126,20;
medecinement 156,30; nuisement
153,10.
-inde adv. +-entum : souuent 138,17.
171,11.

ente.
-enditam sb.+-entam sb.: rente,vente:
vessellemente 25,23.40,17; +-entat:
vente 70,27.
-enita a. +-entat:gente 192,5.
-enta a.+-entat,-entita : dolente 159,5.
presente 158,21.
-entat prs.i.+-enditam, -enita, -enta:
demente.
-*éntitam sb. +-enta:consente 158,22.

entre.
-entrum sb. + -intrat : ventre : entre
126,9.

er.
-are sb. +-are, inf.:mer 2,6. 140,18.
-are inf. + -are, -arem, -arum +∞:
2,8. 4,30. 5,3. 7,25 etc.
-arem sb. + are : bacheler 84,5. 85,5.
-arum a. + are:amer 89,30. 132,7.

ere.
-aram a. +-atrem:anere 134,15.
-aram a. +atrem:amere 61,26.
-*ar(e)at prs. c. +-atrem:apere 25,5.
55,12; compere 33,23.
-ater sb. m. +-atrem sb. f. o. : pere
17,22. 38,12. — sb.f. +-ara, -aram:
mere.
-atrem sb. m. +-*ar(e)at; — sb. f. o.
+-aram, -ar(e)at, -ater, -*ěr(i)am:
mere.
-*er(i)am sb. +-atrem : misere 200,9.

erent.
-erunt prt.+-erant impf.:20,11. 102,25.
109,4; +∞: 10,10. 16,11. 28,7.
30,4 etc.

erre, (eirre, oirre).
-aerere inf. +-erram, iter : querre
109,1.
-*erra sb. + -erram : guerre 143,12.
144,28.
-erram sb. +*-erra, -aerere, -itrum.
ïter sb.o.+-aerere, -*ítrus:erre 156,4.
— 84,16.
-itrum sb. + -erram : veirre 49,17 ;
voirre 53,18.
-*ítrus sb. +-īter:tonerre 84,15.

ert.
-aeret prs. + erat:ahert 98,23.
ěrat impf. +-aeret, -ertum, -ertus.
-erdit prs. +-ervit prs.: pert: sert 87,8.
205,23.
-ertum sb. + erat : desert 71,18. hau-
bert 122,3; +-ertus: desert 72,15:
— a. +-erat : espiart 35,15. apert
185,9; —p.p.+-ertus: couert112,20.
-ertus a. +-ertum:espert 112,21; —
72,14; —p.p.+-erat:descouuert82,1.

12

erte.

-**erditam** *sb.* +-**erta** *a.*: perte:certe177,2.

ertes.

-**erditas** *sb.* + ***ertas** *adv.* : pertes : acertes 22,5.

es.

-**ascem** *sb.* +-**essus** *a.*: fes: confes 84,31.
-**essum** *adv.* +-**es**: pres: Agnes 158,27.

esche.

-***iscat** ') *prs. i.* +-***eticam** *sb. f.*: empeesche: Marceiche 162,28.

euse.

-**ösa** *a.* +**ösam** *a.*: 21,12. 32,1. 150,23.

eux.

-**ösus** *a.* +-***ös**: merueilleux:deux167,21.

ex.

-***ales** *sb. n.* +**ales** *a. n.*: autex: autex 47,11.
-**ales** *sb o.* + alis: chatex: tex 26,17.

ez, es vgl. e.

1) -**ati** *p. p.* +-**atis** 31,14. 68,29. 93,10. -**atis** *adv.* +-**ati**, -atos, -atus.
-**atis**, -***atis** *prs. i.* +*imper.*: 75,1.187,24; +-atus: 202,6; — *imper.* +-atus.
-**atos** *p. p.* +-**atis** *adv.*
-***atos** *sb.* +-***ectos**: ales: les 91,26.
-**atus** *p. p.* + -atis *adv.*, *prs. i.*, *imper.*: 102,1. 136,20. 202,7.—14,26.85,15,16.
2) -***actos** + **actus** *p. p.* : meffez : deffez 23,6.

3) -**itides** *a.* +-**ittes** *sb.*: nez : chenez 195,13.

i.

-**c]ëdem** *sb.* + -ic, -îti: merci 9,14. 165,9; — 171,23.
-**ëdium** *sb.* +-**ici** *sb.* +-**ici** *sb.*: mi: ami 143,20.
-**io** *adv.* +-**c]ëdem**: ci 9,13. 165,8; +-***ivit**: ainsi 12,29. 49,2. 160,30; autresi 53,15.
-**ïoo** *prs.* +-***iem**, -***ivit**: di 45,19. 150,17. — 9,20. 15,20. 166,30.
-**iem** *sb.* +-**ico**, -ïvit : samedi 45,18. 150,18. — 160,21.
-**iti** *p. p.* +-**c]ëdem**, -ïtum, -ivit: 171,24; 124,11; 106,21.
-**itum** *p. p.* + -iti, -***ïtum** *sb.*
-***ïtum** *sb.* +-**ïtum**: Joï: 155,5. 202,10.
-**ivit** *prt.* +-ic, -ïco, -***iem**, -ïti, -itum: eissi 12,29. 53,24 etc. essi 37,23. respondi 9,19. 15,19; eclardi 37,23. resplendi 106,22... etc. +∞: 10,42,7. 36,8. etc.

ible.

-***ïbilis** *a. m.* + -**ipulat** *prs.* : horrible: trible ') 64,5.

ice.

-***öciam** *a.* +-**ïtiam** : nice 34,14. 49,4.
-***icium** *sb.* + -**izza** *sb. f.*: office: espice 43,9 ').

1) Statt *impedicare* möchte ich *impediscare* hier als Etymon ansetzen.
2) Auffallende Schreibung, die offenbar nur dem Augenreim zu Liebe eingetreten ist.
3) Dieses sehr interessante Wort = ahd. *spizza* dürfte bisher in altfrz. Denkmälern nicht gefunden sein; wenigstens kennen es die verschiedenen Lexica in dieser Bedeutung »Spitze« nicht, die es doch unzweifelhaft hat:
De pies de talons ne despice
Ne poeit aler ne venir
Sollte vielleicht in unserm Gebiet das Fränkische sich länger gehalten oder auch das Normannische noch nachgewirkt haben?

-ītiam+-*ĕciam, -*ītium : mallice 34,18.
— 134,20. norrice 44,8.
-*ītium + -ītiam : vice 134,21.

ices.

-*ioias + -ītios : delices : vices 128,6.

ie.

-ĕcat + -īcam, -ita, -*iat, -itam : prie
115,3. — 63,1. — 124,6. — 58,10.
-ēna + -īta : serie ') 151,28.
-ia sb.+-*īam,-ītam,-itat:sonerie203,10.
— 165,17. 184,10. espie 114,25;
Marie 191,25.
-iam sb. + -īa, -īcam, -īcat, -īgat,
-ītam, -ītat.
-*iat prs.í.+-ĕcat, -ītam:umilie124,5;
tesmoignie 106,5.
-ĕdia a. + -ītam : demie 69,18.
-īcam sb. + -ĕcat, -īam, -īgat, -īta :
mie 115,2; amie76,27.130,24.137,26.
— 151,20. — 172,16. — 111,28; —
prs. c. +-īam, -ītani : die 67,8.190,21.
— 157,28.
-*icat prs. i. + -iam : charie 195,4.
senefie 87,28; — prs. c. + -iam :
die 153,2. 166,3.
-īdat prs. i. + -iam, -itam : mercie
79,29. fie 57,29.
-īgat prs. i. + -iam, -icam : chatie
132,28. — 151,21.
-ita sb. + -ĕcat, -īcam, -ita:aīe 69,18.
172,17. — 41,3. vie 100,2; — a. v.
+ -itat : esbahie 123,14; — p. p.
+ -ēna, -īcam, -ita.
-*itam p. p. + -ia, -idat : acomplie
114,24; — sb. +-*īat, -itat, -īcani :
partie 106,5. — 126,23. huīe 157,10.

-itat prs. i. + ia, -iam : ita, -itam :
crie191,26. — 191,13; escrie 126,22.
— 123,15.

tent.

-ĕcant + -iount + -*itant : prient :
dient 62,27. prient : crient 191,20.
-igant + -icunt : chastient : dient 52,15.

té.

-iet]atem sb. n.+-ct]atum:moitié65,15;
— sb. o. + -ct]ati, -ct]atum : pitié
70,17. 71,10. — 199,29.
-ct]ati a.v.+-ie]atem:afeitié70,16.71,9.
-i]ati a.v.+-c]atum, -i]atum, -i]atus :
targié 103,20; esleescié 76,9; cour-
rocié 94,10.
-c]atum + -c]atum p., -c]atus : pechié
190,6. marchié153,23. euechié59,15.
— 152,4. 185,14; — p.p. +-c]atum,
-i]ati, -i]atus.
-e]atum sb. + -i]atum p. p.: congié :
songié 146,29.
-ct]atum p. p. +-iet]atem, -i]ati : es-
pletié 65,14. degetié 199,30; percié
76,10.
-c]atus p. p. + -c]atum : entechié152,5.
185,13.
-i]atus+-i]ati, -c]atum : blecié 94.10 ;
cachié 139,22.

iece.

-*ĕtium sb. + -*ĕtiat: piece:despiece
193,3.

iée.

-i]ada sb. + -c]ata, -gn]atum : coigniee
93,23,28.
-adat prs.c. +-c]atam : ch[i]ee 210,30.
-c]ata+-cc]ata p.p.: dougiee : touchiee

---

1)   Et la lune luiseit serie.
Hiernach passt sowohl *serenus* als *secretus* als Etymon.

121,28; — p. p. + -i]adn, -cl]atu,
i]atam: encruchiee 93,24. domagiee
25,6. dellee 122,28.
-cl]ata p. p. + -c]ata: appareilliee 25,7.
-c]atam + -adat: cerchiee 210,31.
-gn]atam + -i]ada: enpoigniee 93,27.
-i]atam + -aeta a.: hetiee: liee 47,17.
55,5; + c]ata p. p.: perciee 122,27.

ief.

c]aput + c]aput adv.: chief: rechief
80,5.

ien.

1) c]anem + -ene: chien: bien 191,31.
2) -amen sb. + -ch]ani sb.: lien: parrois-
sien 174,10.

iens.

-i]anes + -git]anus: Oliens: loingtiens[1])
74,1.

ient.

-enet prs. + ∞ : sostient: ti[ent 200,24[2]).

ier.

-cc]are inf. + -i]are, c]arum: approchier
82,10. 199,26; touchier 121,2.
-c]are + -*arium, c]arum: chargier 78,6.
herbergier 136,22; couchier 136,18.
venchier 163,31.
-ct]are + -er(i)um: anuitier 93,11.
-gl]are + -i]are: veillier 155,8.
-gn]are + c]arum: estanchier 76,20.
-i]are + -cc]are, -gl]are, -arium: con-
seillier.
-arium sb. + -i]are, -egrum, -er(i)um:
chancelier 187,13; sentier 82,29;
destrier 125,16; — a. + -c]are: legier
78,78. 136,23.

c]arum a + c]are, -gn]are: chier.
-egri a. + -er(i)um: entier 75,3.
-*er(i)um + -ct]are, -egri: mestier
93,12. — 75,2.
-erum a. + -arium: fier 125,17.

iere.

c]ara a. + -ariam: chiere 14,28.
c]aram sb. + -etro: chere 8,8. 78,28.
chiere 59,8.
-ariam sb. + c]ara, -egra, -erat, -etro:
priere 14,29; maniere 36,12. 153,17.
— 181,30; riuiere 60,4.
-egra a. + -ariam: entiere 36,13. 153,18.
-erat + -ariam: yere[3]) 181,30.
-etro + -ariam, c]aram: arriere 60,5.
— 8,9. 59,8. 78,29.

ierre, erre.

-adrum sb. + -etra sb.: querre: pierre
86,29.; vgl. ere.

ieres.

-etro-s + -arias, -egras: arrieres:
prieres 149,18. derrieres: perrieres
180,8; arrieres: entieres 94,15.

ierres.

-ator-s sb. m. n. + -etras sb.: curi-
erres: pierres 84,21.

iers.

-arie-s adv. + -arios, -egros: volentiers
31,4. — 26,1. 85,30.
-arii + -arios: deniers 31,17. prisonniers
145,12.
-arios + -arie-s, -arii: charpentiers;
ouuriers.

---

1) Auffallende Schreibung; doch sonst z. B. 42,24.: -ain.
2) Das tint wohl Druckfehler für tient, da sonst überall prs. im Satze.
3) Doch ert 155,28 u. iart 35,16.

-ĕgros + -arie-s:entiers.
-*ĕr(i)os + -ĕr(i)us:mestiers:mestiers
31,1.

iert (ert).

-aerit+-ĕrat, -ĕrit:quiert:ert 155,27.
afiert 210,15.

ieue.

-*ĕvat + -*ĕva:grieue:grieue 162,11.

iéz, iés.

-c]atis prs.i., c.+-i],-c]atus p.p.:priés,
diés: bleciez, conchiés 15,7. 195,24.
-jl]atis impr. + -cl]atos : bailliez :
trauailliez 74,27.
-gn]atis impr.+-e]atis prs.c.:daigniez:
preigniez 75,24.
-i]atos sb. + -c]atus a. caleforchiés:
trenchiez 89,4.

ignes.

-*ignos a. + ymnos:enterignes:bymig-
nes 41,21.
-ignos+-ignus:signes:benignes114,3.

il.

-iculum + -ilius:peril:fil 29,11.
-ilium + illi:fil:il 192,26.
-ille + illi:mil:il 199,13.

ile, ille.

-*ĕlium sb.o.+-*il(i)a:esuangille71,22;
— sb. n. + -*ila: euangile : nobile
54,28.
-iculet prs. c. + -iliam:perille 99,21.
-*ic (il)lum + -*il(i)um:di le 193,30.
-ilat prs. + -iliam:avile 193,24.
-iliam sb.+ -iculet, -ilat, -illam:fille,
morille, vegille.

-*il(i)a + -*ĕlium, -illam:mile 71,7.
193,6.
-*il(i)um n. pr.+-*ic (il)lum, -illam:
Gile.
-illam + -*il(i)a, -iliam, -il(i)um:vile
48,25. 97,25. — 193,7. — 103,1.

ime vgl. isme.

-imam+-issimam:rime:seintime1,17.

in.

-inem sb. + -inum:fin 203,24.
-ino prs. + -inum:deuin 118,25.
-inum sb. + -inem, -ino, -inus:vin.
-inus sb. + -inum:orphelin 35,7.

ine.[1])

-*icunam sb. + -inam:narrine 3,14.
-iginem sb. + -*inat:orine 197,31.
-ina sb. +-ina, -inam, -inat:doctrine
63,3; pierine84,13. puazine191,18.
-ina a. +-ina:corine 63,4.
-inam sb.+ icunam, -ina:aarsine3,13;
ruine 84,14.
-inat prs. +-iginem, -ina:orine 198,1.
fine 197,17.

ines.

-inas o. +-inas n. : voisines : deuines
177,24.

int.

-ēnit prt. + -inti:vint:vint 195,7.

ir.

-c]ère inf. + -c]ère sb.:gesir:plaisir
136,5. 95,8.
-*yrum sb.+-ire:martir:partir173,29.

ire.

-*ĕjorat (n. Such., Cornu) + -ĕrium,

---

1) Bei diesem Suffix sind die vielen seltenen Wörter bemerkenswert :
corine herzlich; pierine Gemäuer; puazine Gestank; aarsine Brand.

-īcere, -*īrat : empire 210,27. —
196,21. — 51,30.
-*ŏ(n)ior *sb. n.* + -īcere : sire¹) 48,24.
-*ĕcere + c]ēram, iram : soffire²) 7,29.
— 43,17.
c]ēram + -ĕcere, -īcere : cire 7,30. —
207,24.
-ĕriam + -ībere, -īcere : matire 17,13.
55,17. 82,15. — 2,18. 63,8. 107,12.
112,16.
-*ĕrium + -ĕjorat : empire 210,28.
-*ĕricum + -īcere : mire 201,6.
-ĕrium + iram : cimetire 157,5. 186,29.
-ībere + -ĕriam : escrire 17,14. 55,16.
83,14.
-īcere *inf.* + -ĕjorat, -ŏ(n)ior, c]ēram,
-ĕriam, -idere, -irium : dire.
-īdere + -icere : rire : despire 181,10.
-ire (?) + -ŏriam *prs. c.* : muire : muire
192,15.
īram +-ĕrium, -ĕcere : ire 157,6. 186,28.
43,18.
-īrium + -icere : martyre 9,18.

irent.

-*ŏcerunt +-*īderunt, -*īserunt, -*īve-
runt 77,11. 174,8. 201,12. — 182,4.
— 8,2. 26,8. 80,13. 188,4 ; obeīrent :
feīrent²) 209,16.

is.

-ĕcem + -īsum : dis 193,28.
-*ŏcium + -ītus : tapis 87,3.
-*g]ēse *sb.* + -īcus, -ivus : puīs 179,12.
211,12. — 112,17. 121,18.
-*ĕsi *p. p.* + -ēsum, -ĕsus : pris 74,7.
93,3. — 28,6.

-*ĕsum + -ĕsi, -ĕsus, -ĕtium.
-*ĕsus +-ĕsim, ēsum, -ĕtium : 28,5. —
12,17. 12,17. 185,8. — 125,6.
-ĕtium + -ĕsum, -ĕsus : pris 102,9. —
125,5.
-īcem + -itus : empereriz 192,30.
-īci + -isum : amis 42,12.
-īcos + -isum, -isus : 5,23. 45,30. —
144,23.
-īcus + -ēse, -isum : Loīs 179,23. 211,11 ;
amis 131,17. 137,30.
-iso + isum : deuis 3,30. 51,20.
-īsum *sb.* +-ĕcem, -iso, -ivus, -i(u)s :
paradis : vis ; — *p. p.* + -ici, -icos
-icus, -iso : 52,11. — 5,24. 45,30. —
131,18. 137,29. — 3,29. 51,21.
-isus *p. p.* + -icos : 144,24. 186,20.
-ītus *p. p.* + -*ŏcium, -ītus *n. o.*
87,2. — 57,19. — 50,22 ; — *sb. pl.*
n. + -itus : esperiz 57,18 ; — *sb. pl.*
o. + -itus : esperiz 50,21.
-ivus +-g]ēse, -isum : naīs 112,16. 121,17.
140,22 ; vis 109,21.
-*i(u)s *adv.* + -isum : jadis 1,10. 77,13.

ise.

-ēsa + -*ĕsiam, -īsiam : 17,24. 32,12. —
180,24.
-*ĕsiam +-ēsa, -īsam, -isa, -isam, -ītiam,
*īsat : eglise.
-ĕtiat +-*īsat : prise 131,4.
-isa, -*īsam *p. p.* + -ĕsiam : 22,8. —
15,16.
-isiam *sb.* +-*ĕsiam, -*ītiat : guise 116,9.
deuise 141,23 ; guise 202,30.

1) Vgl. Schulzke : Betont ĕ+i u. ŏ+i im Norman. S. 13.
2) ibid. S. 14 ; — 71,26 hier : *soffire : mere.*
3) Diese Form würde zu Thomsens Annahme stimmen (Rom. V, 64 :
ĕ+i en fr.).

-isat + *ĕsiam, -ĕtiat, -isiam, -itia :
deuise 89,12. 128,16; atise 131,3. —
179,4. — 151,19.
-isiam + -ēsa, -*īsat, -ītiam : chemise
180,23. — 179,5. — 20,27 121,6.
-*itia + -*īsat : conoitise 151,8.
-*itiam + -ĕsiam, -īsiam : feintise.
-*itiat + -īsam : iostise 202,31.

isent.

-isant + -issent : deuisent : auenissent
`106,7.

ises.

-*isas p. p. + -ĕsias, -īsias : mises :
iglises 208,15. — chemises 121,1.

isme.

-ipsimam + -issimam : meïsme : sen-
tisme 52,7.

ismes (imes).

-īmus + -ipsimas, ipsimus : primes
88,28. — 154,80.
-ipsimas + -īmus : meismes 88,27.
-ipsimus + -imus, -*ixlmus 154,31.
— 73,23.
-ipsimus + -issimas, -issimos 142,1.
—.42,19. 48,22.
-*iximus prt. + -ipsimus : deïsmes
73,24.

ist.

j]acet + -iste : gist : cist 14,21.
-ĕsit + -isit : prist 50,1.
exit prs. + -isit, -iscit : ist 199,28 ;
— 191,26.
-iscit + exit : gemist 191,25.
-isit + -esit, exit, -isset : requist 199,24 ;
— mist 50,2 ; — obeist 84,20. esbahist
99,13. mist 117,1. sist 44,1.
-isset + -isit : cloist 34,19. vossit 46,31.
veïst 99,12. vomist 116,31.

istrent.

-ēserunt+-*ixerunt : pristrent : beneis-
trent 168,16.
-iserunt + -ixerunt : remistrent 76,31.

istes.

-istes + -istis : tristes : venistes 172,14.

it.

-ĕctum sb. + -idit : lit 200,15.
-icit + -īdit : dit 66,31. 205,11.
-icti + -ictum p. p. : 75,22. 107,10.
-idit + -ĕctum, -icit : vit.
-ipsit + -iptum sb. : escrit : escrit 18,3.
-iptum + -istus n. pr. : escrit : Crist
20,18. 73,19.
-iptus + -istum : escrit : Crist 171,29.
-*itti a. + -īctum p. p. petit : dit 67,19.

ite.

-ĕcta + -*ittam : desconfite : petite
177,16.
-icta + -ipta p. p. : 27,6. 80,23.
-iptam + -*itta : escrite : petite 54,15.

ites.

-*itas prs. + -*itos : aquites : merites
133,13.

iue.

-*īpat prs. i. + -ivam : eschiue : chai-
tiue 6,4.

iure.

-ebrius + -iber : iure : deliure 146,27.
-ibera a. + -īvere : deliure 53,21.
-īberam a. + -*ībrum : 46,16.
-*ībrum + -īberam, -ivere : liure 46,15.
— 77,26.
-ivere + -ībera, -ibrum : viure 53,20.
77,27.

iures.

-ēbrius + -īber : iures 201,24.

18

-īber + -ēbrius, -iber:deliures201,23.
— 120,13.
-*īber sb. + -īber, -ibras:liures 120,14.
— 18,17.
-iberi a. + -ībras: deliures 145,15.
-ibras sb. + -*īber, -iberi: liures 18,18.
— 145,14. -

able.

-*öbilem sb. + -*obilem a.: mueble:
noble 27,25.
-öpolem + -*öbilem:Constentinoble:
noble 180,27.

oeue, ueue.

*īduvam + -öpat, -*opo:vueue:troeue
206,31. trueue 77,14.
-öba a.+ -*ovat:proeue:esmoeue162,3.

oeure, ueure.

operąm + -öperat, -öperi imperąt,
-öpero: oeure : oeure 54,29. 37,10.
25,13;deacueure160,9; cueure154,21.

uer.

-ör sb. + -öris:puer : despuer 37,5.[1])

uet.

-*öpet + -ötet:estuet : puet 194,25.

oër, er.

-*örium sb. n. + -*örium a.:miroër:
terroër 23,12; + -are:ouroër:ioër
55,24.

oi, ei, ai.

1) -acum + ēgem:verai 44,6.
-*ēdum + -ēgem:desroi 179,15.
-ēgem + -acum, -*ēdum:roi 44,7. —
179,14.

2) -ago + -ē:ęęmoi:m oi 65,3. 169,6.
3) -ēbeo + -ēcum, -igitum:dei 112,8.
doi 101,24.
-ēcum + -ēbeo:Soudei 112,9.
-īgitum + -ēbeo:doi 101,25.

ole vgl. ale.

-acam sb. + -īam:poie 40,22.
-*audiam+-ēbam, -ētam, -īam, -īcat,
-īdeat:ioie 193,29. — 10,6. — 62,17.
80,9. — 30,9. — 174,4.
audiat + -īdeat:oie 48,12.
-ēbam cond. + -īam:feroie 194,21; —
impf. + -audiam : esperoie 193,29.
-ētąm a. + -audiam:coie 10,7.
-īa impr. + -īam:equoie 197,3.
-īam sb. + -acam, -audiam, -īa, -īat,
-īd(e)at.
-īat + -īam:57,31. 66,10. 97,7.
-īcat + -audiam:lermoie 30,10.
-īd(e)at + -audiam, audiat, ,īam:
voie 174,5. — 48,10. — 56,15. 135,12.
186,4.

oient, aient.

-*ąbeant + ēbant:aient 38,25.
-agant + -īdent:esmoient 13,16.
-*ēbant impf. + -ēbant impf. u.cond.
11,2. 22,10. 40,6. 60,9. etc. 147,4.
-ēbant impf. + -*ąbeant, -*ēbant,
-ēbant 38,24. — 11,3. 22,9. 40,7.
60,8. — 70,29. 103,5.
-ēbant cond. + -ēbant, -*ēbant.
-īant + -ēcant, -ēdunt:soient:proient
197,17. saient:craient 38,20.
-īdent + -agant, -ēbant:voient 13,5.
— 82,7.

---

1) Seltene Form für nfrz. dehors; La Curne d. Ste-Palaye kennt die-
selbe nicht; Godefroy auch nur in diesem einen Falle.

oies.

-*audias *sb.* + -ïas *sb.* : ioies : voies 133,28.

-ēbas + -ïas *sb.* n : cheminoies: voies 162,15.

-ïas *prs. i.* + -ïas *p. c.* -ïas *sb.* : enuoies 155,14. — 192,22.

-ïas *prs. c.* + -ïns, -*ïd(e)as* : soies. -ïd(e)as *prs. c.* + -ïas : voies 138,5.

oigne.

-*ongiam *sb.* + -ōniam, *onii : aloigne 193,18. — 25,29.

-ongiat + -*ūniam : esloigne.

-*ōnii + -ongiam : chanoine 25,28.

-ōniam + -ongiam: charoigne 193,17.

-*uniam + -ongiat, -*uniat, -undiam, -besoigne 63,11. — 11,11. 25,24. — 153,27.

-*ūniat + *ūniam : besoigne 25,25.

-undiam + *ūhiam : vergoinne 153,28.

ointe,

-ognitam + unctam : acointe : ointe 132,18.

oir.

-ēre *inf.* + -ēre *sb.*, -ērum, *sb.* u. a.

-ēre *sb.* + *a.* : manoir 1,3. auoir 18,19. sauvoir 70,7. nonchaloir 197,25. ardoir 167,23.

-ēram *sb.* + *a.* + -ēre : voir 85,26. 46,19. — 9,21. 10,21. 10,16.

oire vgl. aire.

-ēdere + -ēra : croire 18,5.

-ēra *sb.* + -*yterum : voire 157,19 ; — *d.* + -ēdere, -ōriam : voire.

-ēram + -*yterum, -ōriam.

-ērat *prs. i.* + -*ōriam : espoire 194,12.

-ōria + -*ōriam : estoire 203,16.

-ōriam + -ēra, -ēram, -yterum: mémoire 66,27. 96,25. — 174,21. — 41,18.

-*ōriam + -ōrat, -yterum, -ōria: gloire 194,13. — 204,7; tempoire 203,15.

-*yteri + -*ōriam: prouoire 41,17.

-yterum + -ēra, -ēram, -*ōriam : 85,3. — 97,12. 159,20. 208,10. — 157,20. — 204,6.

oirre vgl. erre.

-ïtrium + -ïtrum : auoirre : voirre 54,22.

ois.

-*ōotos + -igitos : drois : dois 190,3.

-ōsum + -ïsos : pois : pois 175,17. 196,4.

-ïces + -ïdes : feis : foiz 196,29.

oisse.

-*oscam + -ustiam : troisse : angoisse 65,9.

oissent.

-oscunt + -ustiant : connoissent : angoissent 202,28.

oistre.

-austrum + -*ēsor : cloistre : anchoistre 202,2.

oit (eit, et).

-*ēbat *impf.* + -ēbat *impf.* 9,3. 23,22. 53,3. 51,26. 129,19 etc.

-ēbat *cond.* + -*ēbat imp.* -*ēctum 96,1. — 147,20.

-ēbet + -igitum : 189,29.

-ēcte + -ēctus : orendroit : droit 91,15. 168,18.

-ōctum +-ēbat: endroit: vendreit 147,21.

ole.

-*aulam + -ōlam, -ōlat: parole 113,14. — 136,2.

-ŏlem + -*aulam, -ollem:escole 136,3.
— 131,14.
-ŏlat + -aulam:vole.
-ollem + -ŏlam:fole 131,13.

omme, ome.

-ŏmam + -ŏminat:Romme 24,12.
-ŏminat + -ŏmam, -ŏminem:nomme
24,11. — 89,1.
-ŏminem +-ŏminat, -ŏmodo, -umma:
(hom(m)e 200,17¹). — 152,9. — 88,29.
-ŏmodo + -ŏminem, -omnum:comme
152,8. — 209,4.
-omnum + ŏmodo:somme 207,3.
-umma + -ŏminem:somme 200,16.

on (en).

-amus prs.+-ŏnem, -ŏnum:9,23.41,23.
59,26.148,29. 165,6.157,28. -- 107,2;
— impf.+-*amus cond.:estien 23,16;
— cond +-amus impf.-onem:viurion
23,15.
-*ŏmen sb. +-ŏn:non:non 35,10. 200,7.
-ŏmo + -ŏnem, -ŏnum:hom 201,10.
on 193,25.
-*ŏne adv. + -ŏnem:enuiron 198,29.
-ŏnem sb. m. + ŏne, -ŏni:giron
190,28. centurion 111,18; — sb. f.
o. + -*amus, -ŏnem, -ŏnes; — sb.
f. n. + -amus, -onem, -onem. —
41,24. — 111,17. — 134,18.
-*ŏni sb. pl. + ŏnem, -ŏnum:macon
101,27. brandon 105,17. — 105,11.
-onum+-*amus, -ŏmo, -ŏni, -unum:ton
107,1. — 193,26. - 105,10. don
105,16. — 67,25.
-unum + -ŏnum:Chetiaulandon.

onde.

unda sb. + -unda a.:onde 108,13.

-*unda sb. + -undam:aronde:ronde
125,29.
-unda a. + -unda, -undum, -undus:
parfonde; monde 4,8.
-undat + -undum:suronde 199,28.
-undum +-unda,-undat:monde 26,18.
— 199,27.
-undus + undam:monde.

onge.

-ŏnium + -omnium:menconge:songe
138,30. 148,19.

onne, one.

-ŏna+-*ŏn(i)um:persone:prone168,26.
-ŏnam+-ŏnat:Peronne:donne 211,19.

ons.

-amus + -ŏnes:28,24. — 21,30.
-ŏnes sb. m.+-amus, -onsos:lions 28,23.
sermons 24,20; — sb. f. + -amus,
-*ŏnem-s:21,31. — 24,29. — 138,21.
23,31.
-*onem-s sb.f. + -ones:resons 23,30;
— sb. m. +-ones:champions 138,20.
saisons 24,30.
-onsus + -ones:semons 24,19.
-undus sb. + -undus a.:fons:parfons
56,7.

ont.

-abunt + -ŏnet:ont:semont 113,24.
-undus + -ontem:parfont:mont 98,9.

onte.

-omputat + -omputum :conte 54,18.
106,11.
-*omputum sb. + -omputat, -ontat.
-*ŏnita sb. + -*ontat:honte 154,14.
-ontat+-omputum,-*onita:seurmonte
33,21. monte 154,15.

---

1) 101,27 l.: quil set nul home st.: quil nest nul home.

21

or.

1) **-aurum** +-**aurus**: or : tresor135,7 + ∞
23,24.
2) **-ornum** adv.+-**ornum**,-**urrem** :entor
: tor 183,11. — 105,2.

orce.

-*ortia, -*ortiam + -*ortiat: force: es-
force 153,7. — 134,28.

orde.

-ord(i)am +-ordat: misericorde: ncorde
4,14. 124,17. 157,11.

ordes.

-*ördas+-urdas: bordes: sordeu 113,10.

orent.

-*ábuerunt+-*ótuerunt: orent: porent
10,8. 13,28. 71,1.
-urrunt + -örant, -urrant : corent:
plorent 109,18. secorent 13,12.

orne.

-ördinem adv. + -*örna : aorne : morne
57,1.
-*ornus+-ornat: morne: destorne131,1.

örs.

1) **-öris** + -**öris**, -orpus : alors 60,1. —
188,6.
-orcus + -orpus: pors 190,9.
-öris adv. + -öris, -orpus 60,2. —
50,27. 61,31. .162,13. 190,30.
-orpus sb. o. + -öris, -öris, -orcus.
2) -*ortus+-ortuos: effors: mors204,16.

örs.

-urdus a. + -ursus: sors: Sors 167,19.
-ursus sb. + ∞ cors: secors 169,29.

ort.

-ortem s. +-ortem a. -ortui, -ortuus:
mort 126,10.— 28,29. — 85,19.86,12.

-ortem a. +-ortem, -ortum: fort126,12.
— 141,13.
-ortes + *ortos: forz: efforz 74,9.
-ortui + ortem: mort 28,30.
-*ortum sb. +-ortem, -ortes, -ortuus:
confort 141,12. effort 170,5. 84,26.
-ortuus + -ortem, -ortum, -urgitem.
-urgitem + -ortuus: gort 53,13. 58,20.

orte.

-orta + -ortat: porte : porte 1,7.
-*ortat +-ortua, conforte: morte 4,10.

oste.

-austat + -ostam: oste: coste 76,12.

ostres.

-oster-s + -ostulus: nostres: apostres
38,11.

ot.

-abat + -abuit, -*ottum 59,22. 78,7.
— 112,13. 147,13.
-abuit + -abat, -apuit, -*ottum.
-acuit + -ötuit: plot: pot 45,14.
-apuit + -abuit: sot 141,18.
-*ottum + -abat, -ötuit, -abuit: mot
112,12. 147,12; pot 98,4; Guillot
139,6.

ouche.

-öccam+ -uccam:souche188,14. 210,18.
-*ölocat + -uccat: couche 195,28.
-*öpiat + -uccat: aprouche 126,13.
-uccam + -öccam, -uccat: bouche.
-uccat + -*ölocat, -*öpiat, -uccam:
touche 195,27. — 126,14. — 3,19.
50,6. 114,10 etc.

ourt.

-ohortem+-urgit: court: sonrt204,20.

ous.

-ausi + -*avos : enclous: clous 39,23

ouse, ose.

-ausa + -ulsat : chouse : pouse 132,13.
-ausam *sb.* + -ausam, -ausat, -osa : chose; — *p. p.* + -ausam : enclouse 152,15.
ausat + -ausam : ose 196,1.
-ösa, -ösäm *sb.* + -ausam : rouse 78,19; rose 198,31.

ousse.

-olsam + -essa : asousse : grousse 165,28.

oust.

-ausit + -*olsit : clou[s]t 161,16.
-*olsit + -ausit, -*osto : voust 161,17; asoust 165,26.
-*östatum *sb.* + -astam : coust : aoust 97,18. 162,30.
-*osto (n. Burg.) + -olsit : toust 165,27.

ouste.

-östa + -*östat : touste : couste 131,23.

oute, ote.

-ubitam + -utta, -yptam : doute 78,3. — 31,28; dote 30,5.
-ubitat + -uttat : redoute : degoutte 195,18.
-utta *sb.* + -ubitam, -*utta : goute 78,4. — 58,26.
-*utta *pr.* + -ubitam, -utta : toute.
-yptam + -ubitam : crote 40,4.

outes.

-übites + -ultas : doutes : escoutes 133,28.
-uptas + -uttas : routes : goutes 39,23.

u vgl. us.

-ü + -ütem : tu 113,16.
-*üit + -*üm : fu : Jhesu 200,10.

-ütem *sb. n.* + -ütäm : salu 158,19; — *sb. o.* -ü, -utem.
-üti *p. p.* + -utos, -utum 30,2. 42,27. — 56,30. 72,1.
-ütos + -uti, -ütom, -utus 30,1. 42,28. — 15,23. 118,24. — 33,31. 39,10.
-ütum + -utem, -uti, -utos.
-ütus + -utos, -utum 33,30. 39,9. — 24,16. 30,15. 79,3.

uche.

-*üocat + -ätioam : aluche : huche 175,27.

ue.

-übem + -utam : nue 104,26.
-üdam + -utam : hus 121,8.
-ügam + -uta, -utam : rue 56,4,14.
-*üta *sb.* + -*uta : desconvenue 22,81. veue 111,10. 118,15; — *a.* + -*utam : molue 121,31; — *p. p.* + -ügam, -uta, -utam, -utat.
-*utam *sb.* + -übem, -*utam : essue 104,25; veue 119,26. desconvenue 123,24; — *p. p.* + -üdam, -ügam, -üta 121,7. — 16,17. 54,30. — 121,30. — 52,3. 207,17.
-ütat + -uta : argue 134,1. remue 131,26.

uie.

-*ödiat + -*öcitam : ennuie : vuie 43,19. 131,22.
-*övia[1] *sb.* + -ödiat : pluie : ennuie 82,2.

uis.

-*osco + -oscum, -*üteus : truis : puis 7,19 : puis 83,22. — 98,5.

uit.

-üoit + -uotum : conduit : conduit 105,22.

---

1) Vgl. Havet. Roman. III. S. 327.

-ūgitum + *ūtti: bruit: tuit 182,1.

ume.
-*ūmam + -ūminat : costume : alume 95,17.

ument.
-*umant + -ūminant: costument: alument 3,5.

un.
-uno + -ūnum sb.: dun: Chestiaulandun 81,4.

-ōnem a. m. + -ūni, -ūnum: commun 209,11. — 156,28. 161,11.

-*ūni + -ūni: commun 69,3.

-ūni + -unem, -*uni: un 69,4. — 209,12.

-ūnum + -unem: un 156,24. 161,15.

ur.
-ārium+-ūrus: eūr: seūr128,17.187,18.

ure.
-ura sb. + -ūram: auenture 89,2. 91,3; — a. + -ūram:18,30. 57,10.

-ūram sb. + -ūra, -ūrat; — a. + -ūra, -ūrat 119,17. 196,9.

-ūrat + -ūram: dure 155,4. 189,5.

urent.
-*ūerunt (primār) + -*ūerunt (secundār)acorurent:quenurent11,1. 26,36. corurent:eslurent 76,5. : esmurent 118,8. furent: esmurent103,10.114,4. : burent 28,12; durent 146,2. : geūrent 68,11. : esturent 70,11. : ensurent 183,16.

us vgl. u.
-*ūlus+-*ūtos, -*utus: pus29,9.—71,16.

-us + -ū(r)sum: plus:sus 197,19.

-ūti p. p. -ūtus: venuz 114,29.

-ūtum p. p. + -utus:veuz 18,2.

-ātus + -*ūlus, -*ūti, -*utum.

use.
-ūsa + -ūsat: confuse : escuse 163,14.

ut.
-ūit (prim.) + -*ūit (sek.) fut 164,27. + ∞:6,20.

-*ūit (sek.) + -ūit (prim.): but 164,28. + ∞:77,24. 113,30. 127,9. 144,5.

LAUTLEHRE.

I. Vocalismus.

A. Betonte Vokale.

Lat. a.

= frz. a.

1. $a^e = a^{cc} : al$ (*mal*) *as* (*as*).
2. $a^{cc} = a^e : al$ (*aval*) *as* (*donnas*).

= frz. a_n.

3. $a^{cc} = \bar{e}^{cc} : ame$ (*ame*) *ance* (*doutance*) *ant* (*effant*) $= i^{cc} :$ *ante* (*chante*) $= \breve{o}^{re} : ame$ (*ame*).

= frz. ai, ei (*oi*).

4. $a^e = a^c, a^{cc} : ei$ (*lei*) *aie* (*laie*).

5. $a^c = a^e : ei$ (*delei*) $= a^{cc} :$ *ai* (*Prunai*) $= \bar{e} : oi$ (*esmoi*) $= \bar{e}^e : aie$ (*veraie*), *aient*, *aies* $= \bar{\imath}^e :$ *oie* (*poie*) $= \bar{\imath}^e : aie$ (*plaie*).

6. $a^{cc} = {}^*a^e : ei$ (*sei*) $= a^e :$ *ai*, *aise* (*mesaise*) $= \bar{e}^e :$ *eite* (*deffeite*) $= e^{cc} : aire$ (*contraire*) $= {}^*\bar{\imath}^e : ais$ (*Gatinais*) *eiue* (*eiue*) $= i^{cc} : eire$ (*deteire*) $= \infty :$ *aille*, *aillent* etc.

ai u. *ei* stehen also, ähnlich dem Normannischen, ganz promiscue. Ihr Lautwert ist gleich *è* oder *é*, da sie sowohl diesem oft gleichgestellt (*tret : treit* 60,21, *meffere : repaire* 188,22) als auch mehrfach mit *oi* gebunden werden, was damals schon *oé* oder *oè* lautete, vgl. Rossmann : franz. *oï* S. 35. — *poie, esmoi* ist umgekehrte Schreibung, die sich im Centralfrz. häufig findet.

Ob für *aille* ein Diphthong anzusetzen ist, scheint mehr als zweifelhaft, da es nie mit *eille* bindet, und *ai* u. *ei* doch sonst überall durcheinander geworfen werden. Für *eille* scheint es möglich, da sich hierfür einmal *oille* findet [118,19] was ja zu Neumann's Ausführungen passt (Zur Laut- und Flexionslehre des Afrz. S. 31) doch sehe ich nicht ein, weshalb man, einen *ei* Diphthong wirklich vorausgesetzt, darum auch *ai* eine solche Aussprache belegen muss.

= frz. ai_n, ei_n.

7. $a_n = a_{ng}, a_{nci} : aint$ (*maint*) $= \bar{e}_n, \bar{\imath}_n : ain$ (*sain*) $\bar{e}_n, \bar{\imath}_n, \breve{o}_n :$ *eine* (*seine*) $= \bar{\imath}_n : ains$ (*mains*).

8. $a_{ng} = a_n, a_{nci} : aint$ (*plaint*) $a_{nj} = \bar{e}_{nj}, \bar{\imath}_{nj}, u_{nj} : aigne$ (*ouuraigne*) $a_{nci} = a_n, a_{ng}, i_{nci} : eint$ (*seint*) $= i_{ng} : eins$ (*seins*) $i_{nci} :$ *ainte* (*plainte*).

Auch hier sind *ai* u. *ei* ganz gleich; doch muss die alte diphthongische Geltung hier schon im Verschwinden sein. Vgl. folgende Bindungen:

ouuraigne : apraigne 19,3 : *besoigne* 150,21; *pleine : essoine* 66,7; *siene* 198,21.

= frz. *au.*

9 $a^c = a^{rc}$: *aut (saut)* $= e^{cc}$: *au (reau) aux : (paroissiaux)* $= i^{cc}$: *aus (leiaus).*

10. $a^{cc} = u^c$: *aut (saut)* $= e^{cc}$: *aumes (paumes)* $=$ **e^{cc}* : *auz (hauz).*

= frz. *o.*

11. $a^c = a^{cc}$, o^{cc} : *ot (habitot)* o^{cc} : *orent* (prt).

12. $a^{co} = a^{cl}$, o^c : *ot* (prt).
Noch 4 Fälle von altem *ot* im impf., dazu 1 Fall im Verse: *criot* 49,21.

= frz. *o_n.*

13. $a_n (+ u) = \delta_n$: *on, ons (lisons)* $= \delta_n$: *ont.*

= frz. *é.*

14. $a^c = u^{cc}$: *ere (auere)* $= \bar{e}^v : \acute{e}$ (p. p.) $= \bar{e}^c$: *erent (fonderent).*

15. $a^{co} = a^c$, e^c : *cre (mere).*
Zu *mere : misere* 200,8.
   pere : desespere 172,19,
vgl. Förster, Einleitg. zum Chev. as d. esp. S. 35.

= frz. *è.*

16. $a^c = e^{cc}$: *eles (teles) es (les).*

16 a. $a^{co} = \bar{e}^c$, i^{cc} : *eite (deffeite, treite) ere (perc)* $= e^{cc}$: *es (fes) esse (lesse) estre (nestre).*

Beachtenswerth sind folgende Bindungen:

ouur[e]oer : ioer 55,24.
   brese : remese 176,19.
   querre : pierre 86,29.

= frz. *e_n.*

17. $a_n = e_n$: *ende (offrende) ens (suens).*

= frz. *ié.*

18. $a^c = ae^c$: *iée (hetiée).*

19. $a^c = \bar{e}^v$, e^{cc} : *ier (destrier)* $= e^{cc}$: *iere (maniere) ierres (auersierres).*

= frz. *ie_n.*

20. $a_n = \bar{e}_n$: *ien (chien).*

= frz. *ou.*

21. $a^c (+ u) = au^c$: *ous (clous).*

Lat. *e.*

= frz. *a_n.*

22. $e_n = a_n$, o_n : *ame (fame)* $= a_n$: *ance (puissance).*

Die Schreibung *fame*, welche sich hier ohne Ausnahme findet, ist dem Francischen und Burgundischen eigen, aber selten im Westen und Norden, wo meist *femme*. Dagegen findet sich umgekehrt stets *gemme*, doch auch mit *a* Klang.

Im Ganzen werden also *an* + Cons. und *en* + Cons. auseinander gehalten. Die Wörter auf *ance* = lat. *entia* sind nur scheinbare Ausnahmen, da *puissance* und *porveance* erst aus dem französischen Adjektiv neu gebildet sind; *penitance* ferner, was gelehrt, verdankt sein *a* wohl einem volkstümlichen ähnlichen Worte *peneance* was zum provenzalischen *penedir* und der Form *penteiet* in der Jonashom. gehören würde.

Eine wirkliche Ausnahme ist jedoch *offrende*, was 2 mal, 112,3. 120,25: *deffende* gebunden ist.

Ferner findet sich noch sonst ver-
einzelt *an* für *en*:
sant 156,30; im Vers *tanpeste* 14,22.
santine 185,2, *anfans* 64,1.

= frz. *au.*

23. $e^{cc} = a^e$: *au (fleiau) aumes
(Guillaumes) eaux (tropeaux).*

= frz. *é.*

24. $\check{e}^v = a^e$: *e (de).*

25. $\check{e}^c = a^e$: *erent* $= a^{cc}$: *ere
(misere)* $= ae^e$: *ert.*

26. $\bar{e}^c = a^{ec}$: *ere (desespere).*

= frz. *è.*

27. $\check{e}^c{}^*= a^{cc}$: *ete (prophete).*
28. $\check{e}^c = e^{cc}$: *ert***.

29. $e^{cc} = a^e$: *eles (ceneles) es
(les)* $= a^{cc}$: *es (confes) esse, estre*
$= ae^{cc}$: *este (moleste)* $= \check{e}^c$: *ert
(desert)* $= i^{cc}$: *elle (pucelle) ette
(degette) estre, esque, erre.*

* Wegen *-ēbat = -ittum* vgl. § 51
Anm.
** Für *ert* hier also schon *é* anzu-
nehmen. Einmal findet sich auch
noch die alte Form *yere* 181,31; eine
dritte Form endlich ist *iart* 35,15.
Ein solcher Uebergang von *e* zu *a*,
besonders vor *r* ist bekanntlich
namentlich im Centralfrz. häufig.
Vgl. Metzke: Der Dialekt von Jsle,
de Fr. S. 10, Talbert: Du dialecte
blaisois 163 ff.
Hier findet er sich ausser diesem
Falle im Reim nicht und auch sonst
nur wenig: *agraable* 130,17, *saart*
98,22, *sarmonné* 25,26, *darreniers*
79,18. 183,6.

= frz. e_n.

30. $e_n = i_n$: *ence (science),
endre (tendre) ens (dens) ent
(couvent)* $= o_n$: *emme (gemme).*

= frz. ei_n, ai_n, oi_n.

31. $\bar{e}_n = a_n$: *ein (plein) aine
(plaine)* $= oe_n$: *oine (auoine).*

32. $\bar{e}_{nj} = a_{nj}$: *eigne (apreigne).*

= frz. *ue (ue).*

33. $\check{e}^c (+ u) = \check{o}^c$: *ueve
(vueve).*

34. $e^{cc} = \check{o}^{cc}$: *euls (veuls).*

= frz. *ié.*

35. $\check{e}^c = a^e,\ a^{cc}$: *ier (hier)*
$= ae^c$: *iert (afiert).*

36. $\check{e}^c = a^e$: *ier (entier)
iere, ierre, ierres* $= *ae^{cc}$: *ierres
(pierres).*

= frz. ie_n.

37. $\check{e}_n = a_n$: *ien (bien).*

= frz. *i.*

39. $\bar{e}^c$ (nach gutt.) $= \bar{\imath}^c$: *i
(merci) ile (esuangile) is (pais)*
$= \bar{\imath}^{cc}, \check{e}^c$: *ire (cire)* (vor *n*) =
$*i^{cc}$: *int (vint)* $== \bar{\imath}^c$: *ie (serie)*
(nach Analogie) $= \check{e}^{cc}$: *is (pris)
ise* $= \bar{\imath}^c$ *ist (prist)* $= \bar{\imath}^{cc}$: *ire
(sire) istrent (pristrent).*

40. $\bar{e}^{cc} = \bar{\imath}^{cc}$: *iure (iure).*

41. $\check{e}^c$ (guttt.) $= \bar{\imath}^c$: *ient (prient)
is (dis)* $= \bar{\imath}^{cc}$: *ire (enpire) ist
(gist)* $= e^{cc}$: *ire.*

42. $\check{e}^{cc} = \bar{e}^c$: *ire (soffire) ise
(eglise)* $= \bar{\imath}^c$: *ire (soffire) is
(pris) ist (ist) it (lit)* $= \bar{\imath}^{cc}$:
*ice (nice) ire (matire) ise, ite
(desconfite).*

Einmal findet sich auch *les* für *lits* nämlich 91,26: *alés*.

Gegen Schulzke's Ansicht möchte ich *empire* doch von **impěrium* herleiten, wegen der häufig vorkommenden Schreibung *empiere* S. 32 seiner Diss. »*E+i* und *ð+i* im Normanischen« scheint er auch selbst zu schwanken.

Zu bemerken ist, dass *ðriam, ðrium* mit Ausnahme von *mestier* stets *ire* lautet.

$= $ frz. oi (ai, ei).

43. $\bar{e}^i = a^e$: oi (moi).

44. $\bar{e}^r = a^c$: oie (impf.) aies (impf.) (craies) aient impf. $= au^{cc}$: oie(coie); $= \bar{e}^{cc}$: ei(Soudei) oire(voire) $= i^e$: ois(pois); $= \ddot{r}$: oie (fcroie) oies impf.; $= \ddot{r}^{cc}$ (comb. gutt.): oit (doit) $= o^{cc}$: oire (voire).

45. $\bar{e}^e = \ddot{r}$: oient (proient).

46. $\bar{e}^{rc} = \bar{e}^r$: ei (dei) oire (croire); $= *au^{cc}$: oistre (anchoistre) $\ddot{r}^{cc}$: oit (droit).

ð ist also nicht, wie im Normanischen ei geblieben, Reime wie $\bar{e}^r$: $ð^{cc}$ voire: estoire sind ja im Norm. nicht möglich.

In Bezug auf den Lautwert des oi gilt das § 5 Gesagte. In der 3 s. imperf., die übrigens nie eit zeigt, findet sich öfter einfaches et geschrieben, aber nur, wie Rossm. S. 132 (Rom Forsch. 1 Heft) treffend bemerkt, nach vokalischem Stammesauslaut und fast nur unter sich gebunden, nämlich 14,19. 114,6. 130,7. (vgl. § 51 Anm.) — Zu merken: voair: porvoair 77,23: soair 118,17. Wohl erstes e gefallen und oi zu oe, oai geworden, darum ist oai hier 2 silbig.

Lat. i.

$= $ frz. a_n.

47. $i_{n+c} = a_{n+c}$: ante(soixante).

$= $ frz. ai_n, ei_n.

48. $\ddot{r}_n = a_n$: ain (sain) aine eine (meine) ains (mains); $= \ddot{r}_{ng}$: einent (meinent).

49. $\ddot{r}_{ng} = \ddot{r}_n$: einent (atteinent)* $= a_{n+c}$: eins (seins) eindre; $= a_{nci}$: eint. einte (esteinte).

* Auffallende Form, da n hier nicht palatal.

$= $ frz. au.

50. $i^{cc} = u^c$: aus (seiaus); $= a^{cc}$: aus (vermaus) auz consauz)*.

* Centralfranz. Form, während das Norm. conseiz haben würde.

$= $ frz. è.

51. $i^{ec} = e^{cc}$: elle (ancelle) esse (messe)* ette (mette) estre (senestre); $= a^{cc}$: ette (fillete) $= \infty$: estes.

* Für ĭtia findet sich neben gewöhnlicherem esce, esse auch einmal das normannische eice, nämlich 98,11. parfondeice: adreice. Andrerseits boucheite: pucellete 58,30. Eine weitere beachtenswerte Bindung ist muët: remuët (impf., vgl § 16 Anm.) 35,17. 112,25 wo also entschieden lat. ittum mit offenem e gebunden ist, was bei Guillaume, le Clerc de Normandie nach Seeger nicht vorkommt.

$= $ frz. e_n.

52. $i_n = e_n$: en-ce (sen ce, en ce) endre, (mendre), ent (souuent) entre (entre) enz (dedenz).

$= $ frz. i.

53. $\ddot{r} = \ddot{r}$: ie (espie).

54. $\ddot{r} = \bar{e}^r$: i (ci) ie (erdormie) ile (nobile) is (nais) ist (mist);

$= \bar{e}^{cc}$: *is* (*estapis*) *ise*; $= \breve{e}^{c}$: *ient* (*crient*) *is* (*parudis*); $\breve{e}^{co}$: *ise* (*mise*) *ist* (*requist*) *it* (*vit*); $= \bar{\imath}^{c}$: *ie* (*amie*); $= i^{co}$: *ime* (*rime*) *ine* (*orine*) *ire* (*ire*) *ise* (*guise*) *isent* (*deuisent*) *ites* (*merites*).

55. $i^{co} = \bar{e}^{c}$: *ire* (*dire*) *ise* (*chemise*); $=\bar{e}^{cc}$:*istrent*(*pristrent*) *iure* (*deliure*); $= \breve{e}^{c}$: *ist* (*cist*); $= \breve{e}^{co}$: *ice* (*mallice*); $= \bar{\imath}^{c}$: *ime* (*sentime*) *ire* (*desprire*) *it* (*dit*) *istes* (*venistes*).

Zu *nobile* = **nobilia*, vgl. Ba. Chrestom. 41,28, ferner im Alexius Strophe 3 *nobilitet* und *nobli* im Alex. Fragment. Ebenso findet sich oft *milie* und es ist gänzlicher, wirkungsloser Schwund des 2. *i* anzunehmen. Dasselbe gilt von *concille*, *Gile* Uebrigens reimen hier Wörter mit erweichtem *l* oft zu solchen mit gutturalem, vgl. Rim.

= frz. *oi* (*ai*, *ei*).

56. $\bar{\imath}^{c} = a^{c}$, au^{co}, $\bar{e}$: *oie* (*soie*, *voie*) *oies* (*voies*); — $\breve{e}^{c}$: *oient* (*enuoient*).

57. $\bar{\imath}^{c} = a^{c}$: *aie* (*emplaie*) *oient* (*voient*); $= a^{co}$: **ais* (*demenuis*) **eiue* (*aperceiue*); $= au^{cc}$: *oie* *lermoie* $= \bar{e}^{c}$: *ois* (*pois*).

58. i^{co} (compl. gutt.) $= a^{cc}$: *eire* (*Leire*) *aire* (*prouaire*); $= \breve{o}^{c}$, e^{co} : *oit* (*doit*) $= e^{cc}$: *oirre* (*voirre*); $= \bar{e}^{c}$, $\breve{o}^{co}$, $\breve{o}^{co}$: *oire* (*prouoire*).

Zu merken: *voirre*: *terre* 53,18.

Es finden sich hier also schon sämmtliche *oi*, die überhaupt denkbar, gebunden, was bekanntlich im Westen nicht möglich ist vgl. § 46, und zwar muss das *oi* schon den Klang *oè* gehabt haben, da es oft als *ai* geschrieben und mit etymologischem *ai* und *è* gebunden wird. Das normannische *ei* für $\bar{\imath}$, $\bar{e}$ findet sich nur selten geschrieben, meist schon *oi* oder *oai*, *ai* und *oe* (vgl. § 72), *e* (vgl. § 51).

= frz. oi_{n}.

59. $\bar{\imath}_{n} = oe_{n}$: *oine* (*moine*).

Das lat. *minat* findet sich also in 3 Schreibungen: *maine*, *meine* und *moine*, doch herscht erstere bei weitem vor.

Lat. *o*.

= frz. a_{n}.

60. $\breve{o}^{co}_{(mn)} = a^{cc}$, e^{cc} : *ame* (*dame*).

= frz. *eu*.

61. $\bar{o}^{c} = \breve{o}^{c}$: *eu* (*sarqueu*) *eus* (*merueilleus*); $=$ *$\breve{o}^{co}$: *eurs* (*Meilleurs*).

62. *$\breve{o}^{co} = \bar{o}^{c}$: *eurs* (*ailleurs*).

Für altes *ou* ist also schon überwiegend die Schreibweise *eu* gebräuchlich. Wie in Isle de France (vgl. Metzke S. 28 ff. findet sich die lat. Endung *ōsus* schon stets als *eus*, ebenfalls ist *-atorem* nie durch *eour* ausgedrückt, wohl aber häufig nach normannischer Weise durch *eür*, nämlich 71,7. 121,10. 129,17 was sich 206,10 mit *eur* gebunden findet: *pecheürs* : *pleuseurs*.

Die Schreibung *eor* kommt 2 mal vor 101,2. 122,22. wie voriges unter sich gebunden, einmal findet sich noch die gelehrte Form *ator* nämlich 80,15 *criator* : *retor*, was bemerkenswert ist, da nach Metzke S. 26 im Franzischen solche Bindungen sich nicht finden. Also ist hier als gewöhnliche Aussprache doch ein *eu* ähnlicher Laut anzunehmen obwohl sich nur einmal *eeur* findet, nämlich: *peeur* : *iangleeur* 33,27.

Auch für das Suffix *ðrem* findet sich *ou* nur selten, ebenso bei sonstigem *ð+r.*: *aoure* : *demoure* 65,7. *colour* : *dolour* 57,22. *plours* : *Sors* 172,7.

Oefter steht auch hier schon *eu*, am meisten aber wie in Isle de France o. vgl. § 63 und 76.

= frz. *ó*.

63. *ðᵉ* : *or (criator)*; = *u∞* : *orent (plorent) ordes (bordes)*.

64. *ð∞* = *ðᵉ* : *or (retor)*; = *ü∞* : *or (tor) orne (morne)*.

Vgl. Paris: »Das geschlossene *o*« Rom. X. 36—62. und Förster »Schicksale des lat. *ð* im Französischen. Roman. Studien III.

= frz. *ò*.

65. *ðᵉ* = *auᵉ*, *ð∞* : *ole (escole) ors (fors)*; = *auᶜ* : *ose (rose)**.

66. *ð∞* ÷ *aᵈ*, *a∞* : *ot (pot mot)*; = *auᶜ* : *oste (coste)*; = *ðᶜ* : *ole (fole)*; = *u∞* : *ors (cors) ort (mort)***.

* *rose* ist nur mit *chouse* gebunden, wenn auch einmal mit *ou* geschrieben, s. Rim.

** Diese Bindungen sind auffallend, vgl. unter *u* § 80.

= frz. *oₙ*.

67. *ðₙ* = *aₙ(+ u) ðᵉ*, *üᶜ* : *on (ton) aₙ*, *ðₙ₊ᶜ* : *ons (lions)*; = *ðₙ₊ᶜ* : *omme (Romme)*.

68. *ðₙ₊ᶜ* = *ðₙ* : *omme (nomme)*.

69. *ðₙ* = *aₙ : *ont (semont)*; = *ðₙ* : *on (hom)*.

70. *ðₙ₊ᶜ* = *ðₙ*, *ðₙ₊ᶜ* : *omme*

(homme) ons (semons); = *ü∞* : *omme (somme) ont (amont)*.

Nirgends also findet sich hier normannisches *u*, was ja auch für *ð* in offener Silbe, wie wir sahen, nur selten ist.

= frz. *oi*.

71. *ð∞* = *eᶜ*, *e∞* : *oire(gloire)*;* = *ð∞* : *oire (tempoire)*; = *u∞* : *oissent (connoissent)*.

72. *ð∞* = *aᶜ* : *oer (ouroer)*;** = *ēᶜ*, *ē∞*, *ð∞* : *oire (estoire)*; = *u∞* : *oise (troisse)*.

* *ðria* hat bekanntlich sich *ðria* in der Entwicklung angeschlossen.

** Ausser diesem *ouur[ë]oer:ioër*55,24. kommt die Schreibung *oer* noch 2 mal vor, nämlich 23,12 *mir[e]oer: terr[e]oer*, gem. afr. begegnet *mireor*, *mireoir*, während ein *terreoir* neben *territoire* mir nicht bekannt ist.

= frz. *oiₙ*.

73. *oₘ* = *uₙᶜⁱ* : *ointe (acointe)*.

= frz. *eu, ue, oe*.

74. *ðᶜ* = *auᵉ*, *ðᶜ* : *eu (leu) eus* = *ē∞* : *eulz (eulz)*; = *eᶜ(+ u)* : *ueve (trueve)*.

75. *ð∞* = *ð∞* : *ueble (mueble)*.

Die alten Schreibungen *ue* und *oe* halten dem neuen *eu* noch ziemlich die Wage. Zu bemerken ist, dass *oe* nicht blos im Wortanlaut steht, wie Manche behaupten, um eine falsche Deutung des *u* zu verhindern. 2 mal findet sich sogar schon die volle Form *oeure*: 37,10. 54,29.

= frz. *ou*.

76. *ð∞* = *ð∞ (ls)* : *oust (toust)*; = *ü∞* : *ouche (souche) ourt (court) oust (coust) oute (boute)*.

77. *ð∞ (ls)* = *au∞*, *ō∞* : *oust (asoust);* * = *ō∞* : *ouche (aprouche).*

* Diese *praeterita* haben ihr *o* wohl zu geschlossenem umgewandelt, wie dies ja allgemein für *appröpiare auch angenommen ist.

= fr. *ui.*

78. *ð∞(rj)* = *r̄* : *uire (muire);** = **ū∞(tj)* : *uis (puis)*; ≐ ∞ : *uie.*

* Hier ist wohl *ũi : i* gebunden, da der Vers jedenfalls den inf. (?) *muire* 3silbig verlangt:

Et il te plest que ie languisse 192,14
A grant doulour et ici muire
Com j torel moz ia mu | ire.

Auch neufranzösisch heisst es ja noch *mugir* und liegt hier also eine Bindung von *ui : i* vor, da *iu* bereits seit Anfang des 12. Jh. zu *ui* geworden. Zu merken ist, dass sich in unserm Texte für lat. *ð + i* nie die im Westen recht häufigen *oie* und *ei* finden. Auch betont stets *ui* und nicht *oi.*

Lat. *u.*

= frz. *eu.*

79. *ŭᶜ = ∞ : *eure (seure).*

= frz. *ó.*

80. *u∞* = *ō∞* : *orent (acorent);* = *ō∞* : *or (tor) ordes (sordes)*; = *ð∞* : *ors (secors) ort (gort).*

u in *gurges* ist wohl zu *ð* übergetreten; die andere Bindung *secors : mors* beruht auf Ungenauigkeit, falls nicht die beiden *o* sich damals im Klange näherstanden als heute.

= frz. *oₙ.*

81. *ū°* = *ð°* : *on (Chetiaulandon).*

82. *ŭ∞* = *ð∞* : *omme (somme) ont (purfont).*

= frz. *oi.*

83. *u∞* = *ð∞* : *oissent (angoissent);* * = *ð∞* : *oisse (angoisse).*

* Ebenso im Centralfrz. während der Westen *ui* hat

= frz. *oiₙ.*

84. *u∞(nj)* = *ð∞(nj)* : *oigne (besoigne) oinne (vergoinne).**

* Auffallend ist hier die Bindung 153,27 *besoigne : vergoinne.* Wenn letzteres Wort nicht falsche Schreibung des Kopisten ist, so weist es darauf hin, dass in unserm Gebiet intervokalisches, durch Konsonanz gestütztes *n* sehr früh seinen palatalen Charakter aufgab. Aehnliches findet sich auch in Isle de France um diese Zeit. Anders ist es mit *essoine*, das 66,7: *seine* gebunden ist und schon sehr früh ein gutturales *n* zeigt.

= frz. *ou.*

85. *ŭ∞* = *auᶜ* : *ouse (pouse)*; = *ð∞* : *ouche (bouche) ourt (sourt) oust (aoust) oute (redoute).*

= frz. *ü.*

86. *ū∞* = *ūᶜ* : *u (tu).*

87. *ūᵛ* = *ūᶜ* : *u (fu).*

88. *ūᶜ* = *ū∞*, *ūᵛ* : *u (vertu)*; = *u∞* : *ume (costume).*

89. *ū∞* = *ūᶜ* : *ume (alume).*

= frz. *ui.*

90. *ūᶜ* = **ū∞* : *uit (condoit).*

91. *uᶜᵉ* = *ð∞* : *uis (puis)*; = *ūᶜ* : *uit (conduit).*

Diphthonge.

Lat. *ae.*
= frz. *é.*
92. *ae*ᶜ = *ĕ*ᶜ : *ert (ahert).*
= frz. *è.*
93. *ae*ᶜᶜ = *ĕ*ᵇᶜ : *este (preste).*
= frz. *ié.*
94. *ae*ᶜ = *a*ᶜ : *iee (liee)* = *ĕ*ᶜ : *iert (quiert).*
95. **ae*ᶜᶜ = *ĕ*ᵇᶜ : *ierres (curierres).*

Lat. *au.*
= frz. *eu.*
96. *au*ᶜ = *ŏ* : *eu (leu).*
Auffallende Bildung: *leu (laudo)*: *leu (lŏcum)* 138,22.

= frz. *ó.*
97. *au*ᵉ = *ole (parole)*; = *o*ᶜᶜ : *oste (oste).*
= frz. *oi.*
98. *au*ᶜᶜ = *ĕ*ᵛ, *ĭ*ᵛ, *ĭ*ᶜᶜ : *oie (joie)*; = *ĕ*ᵇᶜ : *oistre (cloistre)* = *ĭ*ᵛ : *oies (joies).*
= frz. *ou.*
99. *au*ᶜ = *a*ᵉ : *ou (enclous)*; = *ŏ*ᵛ : *ouse (chouse) out (clout)*; = *u*ᶜᶜ : *ouse (chouse)..*

Lat. *oe.*
100. *oe*ᶜ = *ĕ*ᵛ, *ĭ*ᵛ : *oine (poine).*

B. Nachtonige Vokale.

1. In letzter Silbe.

101. *a* bleibt wie gewöhnlich als *e* erhalten, *commant* 195,29, ist doch wohl als cj., nicht als ind. zu fassen. Es schwindet jedoch natürlich im impf. i. und cond. mit Ausnahme von *yere* 181,31.
102. Die übrigen Vokale bieten iher nichts Auffallendes.

2. In vorletzter Silbe.

103. *a* ausnahmsweise ge-schwunden in dem bekannten Beispiel *Seine.*
e ist wie gewöhnlich ausgefallen oder hat wie *i* gewirkt.
i wirkungslos ausgefallen (in Wörtern wie *misere, aperceiue, beste, nobile, mile, mestier.* Im Uebrigen nichts zu bemerken.
o u. *u* wie gewöhnlich.
104. Stützvokal zeigt sich ebenfalls in den gemeinfranzösischen Fällen in *able, acre, ade, age, aire* etc.

II. Consonantismus.

a. Zahnlaute.

Lat. t.
= frz. t.

105. *t*ª bleibl nach hellem Vokal mit Ausnahme des prt. u.

a. Ungewöhnlich erhalten findet es sich in den Formen *seint* 168,21. und *meint* 168,4.

106. ᶜ*t* s. a. == *t*ᵛ: *art (part)* ert *(Fulbert) uit*; == ᵒ*d* s. a.: *ant (enfant) ent.*

107. ᶜ*t*ᵛ == ᶜ*d*ᵒ *(dt): ente (dolente)* erte *(certe).*

= frz. d.

108. ᶜ*t*ᵛ == ᵛ*t*ᵛ, ᵛ*p*ᶜ: *ade (malade).*

109. ᵛ*t*ᵛ == ᶜ*t*ᵛ: *ade (fade).*

= frz. ○.

110. *t*ª = ○: überall, wie gewöhnlich um diese Zeit, nach *a* sowie in *a* = *habet* und im prt. aller schwachen Conjugationen.

Abweichend vom gewöhnlichen Gebrauch fehlt es auch in der schon mehrfach erwähnten altertümlichen Form *yere* 181,31. — Ferner, wie gewöhnlich, wo es sekund.einem stummenLaut folgt.

111. ᶜ*t* s. a. == ᵛ*ss* s. a.: *as (donnas);* == ᵛ*c*ᶜ*oi (doi);* == ᵛ*c* s. a.: *eu (veu).*

112. ᵛ*t*ᵛ = ᵛ*d*ᵛ: *iee (meracilliee)* ue *(venue);* − ᵛ*b*ᵛ, ᵛ*g*ᵛ: *ue (vestue).*

113. ᵛ*t*ᶜ == ᵛ*r*ᵛ: *ere (pere) eire (veire).*

Lat. tt.
= frz. t.

114. ᵛ*tt*ᵒ == ᵛ*d*ᵒ, ᶜ*t*ᵛ: *it (petit)* ite == ᶜ*t*ᵛ: *ites;* == ᵛ*t*ᵛ: *ot (mot).*

Meist findet es sich durch *t* ausgedrückt wie überhaupt zur Zeit im Centralfranzösischen. Es ist wohl gedehnte Aussprache des vorhergehenden Vokals anzunehmen, wie die neben -*et* sehr beliebten Schreibungen -*est*- und -*eit*- anzudeuten scheinen. Letztere ist bekanntlich dem Westen eigentümlich und findet sich nach Görlich auch in den südwestlichen Dialekten häufig:

chareite 103,17. filleite: feite 53,29.
meschineite: treite 100,21.
meite: seite 191,21.
breite: chareite 103,16.
leitre: meitre 101,22.
: mestre 59,17.
boucheite: pucellete58,29. 26,15.
mestre: lestre 18,21.
nette: fillete 51,18.

Lat. t (t).
= frz. t.

115. ᶜ*t*(*t*) == ᶜ*t*ᵛ: *ent (ment).*

Lat. t (s).
= frz. s, s.

116. ᵒ*t*(*s*) == ᶜ(*d*(*s*): *ans (passans)* ars [*pars*] ens *(dedens);* == ᵛ*t*(*s*): *es (les).*

117. ᵛt(s) = ᶜt(s):es (les).

Lat. tt(s).

= frz. z.

118. ᵛtt(s)=ᵛtd(s):es (chenez).

Im Allgemeinen ist über diese Lautbezeichnung zu bemerken, dass z bedeutend häufiger vorkommt als s, und ausser 46,27 nie mit demselben im Reim zusammengestellt wird. Dasselbe bemerkt Seeger bei Guill. le Clerc de Norm.

Wohllaut- t.

119. Es findet sich in *nestre*: *estre* sowie in den prt. *pristrent, remistrent, beneistrent,* die ja dem Westen eigentümlich sind.

tj s. j.

Lat. d.

= frz. d.

120. ᵛdᵉ = ᶜtᵛ:ade (sade).

121. ᶜdᵛ = n-r:aindre (graindre).

122. ᵉdᵉ = n-r:endre (tendre).

= frz. t.

123. ᵛdᶜ(dt) = ᵛcᶜ:it (vit).

124. ᶜdᵛ(dt) = ᵉd s.a.;ant (commant) = ᶜtᵛ:ente (vente) erte (perte) = ᶜt s.a. ent (descent) ont (parfont).

125. ᶜd s.a. = ᶜt s.a.:ant ent (souuent).

= frz. l.

126. ᵛdᵛ = ᵛlᵛ:ile (Gile).

= frz. o.

127. ᵛdᵛ = iᵛ:aient, aies, ie. = aᵒ, ᵛbᵛ:oient = ᵛtᵛ:iee (coig-

niee) ue (nue) ues = ᵛpᵛ:ueue (vueue) = ᵛvᵛ:ut (crut).

128. ᵛd s.a. = ᵛcᵃ:i (merci) = ēᶜ:oi (desvoi) oᶜ:eu (leu).

129. ᵛdᶜ=ᵛvᶜ ᵛcᶜ:irent (virent) = ᶜnᵛ:orne (aorne).

Lat. d (s).

= frz. s, z.

130. ᶜd(s) = ᶜt(s):ans(grans) = ᵛrs:ors(sors) = ᵛcᶜ:oiz(foiz).

dj s. j.

Germ. zz.

= frz. c.

131. ᵛzzᶜ = ᵛcjᵛ:ice (espice).

Lat. s.

= frz. s.

132. ᵛsᵃ = ᵛs s.a.:is (amis).

133. ᵛs s.a. = ᵛsᵃ:is (mis) = ᶜs s.a.:ois (pois).

134. ᵛsᵛ = ᵛsᵛ:ouse, ᵛsfᵛ:ise ises = ᵛssᵛ:isent (devisent) ist (abeist).

135. ᶜsᵛ = ᵛsᴸ:as (as).

136. ᶜs s.a. = ᵛs s.a.; pis (pois) = ᵛtj s.a.:is (vis).

137. ᶜsᶜ = ᶜssᶜ:isme (meisme) ismes = ᵛsᶜ:oust (asoust).

138. ᵛsᶜ = ᶜs s.a.:as(donnas) = ᶜsᶜ:oust.

= frz. o,

139. ᵛsᵃ = ᵛn s.a.:on (dion, macon).

Lat. *ss.*
= frz. *ss.*

140. ʼ*ssʼ* = ʼ*tjʼ*: *asse (lasse)*
esse (messe) esses = ʼ*sᶜ*:*esme*
(pesme) = ʼ*sʼ* : *issent, ousse*
(grousse).

= frz. *s.*

141. ʼ*ss* s. a. = ʼ*sc* s. a.: *es*
(confes) = ʼ*sᶜ*:*esme* ʼ*sʼ*:*ist.*

142. ʼ*ssᶜ* = ∞ : *ast.*

sj s. *j*; *sc* s. *c.*

Ueber den Wert des *sᶜ* im Inlaut
ist zu bemerken, dass es wohl schon
durchaus stumm ist, da es sowol mit
Wörtern ohne *s* gebunden· wird als
auch an etymologisch ganz unbe-
rechtigter Stelle steht. Es dient viel-
mehr nur als Dehnungszeichen vgl.
§ 114. Besonders auffallend steht 91,12:
mendiest impf.: *est*, vgl. § 46 Anm.

b. Kehllaute.

Lat. *c.*
= frz. *c.*

143. ʼ*cᶜ* = ʼ*gᶜ*: *acre (Fiacre).*

= frz. *ch.*

144. ᶜ*cʼ* =ʼ*cʼ*: *anche (blanche).*

= frz. *g.*

145. ʼ*cʼ* = ʼ*pjʼ* : *age (corage).*
146. ᶜ*cʼ* = ᶜ*gʼ* : *arge (charge).*

= fr. *i.*

147. ʼ*cʼ* =ʼ*bjʼ*:ʼ*gʼ*: *aie (laie)*
= *ēᵛ*:*aies (veraies).*
148. ʼ*c* s. a = ʼ*bj* s. a. : *ai*
(verai).
149. ʼ*cᶜ* = ʼ*ttʼ*:*eite (feite)* =
ʼ*tjʼ*:*eice (adreice)* =ʼ*tᶜ*: *es (fes)*
= ʼ*ljʼ*:*aille, eille.* = *īᵛ* : *oient*
(proient).

= frz. *o.*

150. ᵛ*c* vor *l* = ○ in *vermaus,*
euls. Ferner schwand es vor *s*
in *pors* 190,9 und im Auslaut
nach gewöhnlicher Annahme in

leu. Am häufigsten geht es je-
doch im vorangehenden langen
Vocal auf.

151. ᵛ*cᵃ* = ᵛ*d* s. a. ᵛ*c* s. a. :
i (ci).
152. ᵛ*c* s. a. =ᵛ*cᵃ*, ᵛ*cᵒ*:*i (ami).*
153. ᵛ*cᵒ*=*iᵒ*, ᵛ*cᵒ*:*ie* ᵛ*gᵒ*:*ient*
(dient).
154. ᵛ*cᵒ* =ᵛ*nᵒ*:*ine (narine)*=
ᵛ*rjᵒ*, ᵛ*bᵒ*, ᵛ*dᶜ*:*ire (dire)* =ᵛ*d(t)ᶜ*:
it (dit) = ᵛ*pᶜ* : *ite;* ᵛ*ljᵒ* : *ille*
(perille).

= frz. *is.*

155. ᵛ*cᵒ*=ᵛ*sᵒ*:*is (dis)* =ᵛ*sᶜ*:
ist (gist).

Lat. *cc.*
= frz. *ch.*

156. ᵛ*ccᵒ* = ᵛ*pjᵒ*, ᵛ*llᵒ* : *ouche*
(bouche) = ᵛ*cᵒ* : *uche (aluche).*

Lat. *nc.*
= frz. *in.*

157. ᵛ*ncᵛ* = ᵛ*nᶜ*:*aint (saint)*
eint (enfreint) = ᵛ*gn*:*eins.*

Lat. *sc.*
= frz. *ch.*

158. *sc°* = *"c°*: *ache (tache).*
= frz. *is.*

159. *°sc°* = *°x°*: *ist (gemist).*

160. ' *°sc* s. a. = *°ss* s. *a : es*
(fes) = *°tj* s. a.: *uis (truis)* =
°stjᶜ: *oisse, oissent (troissent).*
cj s. *j.*

Lat. *x* (= *cs*).
= frz. *is.*

161. *°x°* = *°sc°* : *°s°*: *ist (ist)*
= *°s°* : *istrent (beneistrent)* =
°ss°: *esse (lesse).*

Lat. *qu.*
= frz. *iv.*

162. *'qu'*=*'p'*: *eiue(eiue*56,18).

Lat. *g.*
= frz. *g'.*

163. *°g°* = *ᶜc°*: *arge (large).*

164. *°g°* = *°tj°*: *age (image).*
= frz. *c.*

165. *°y°* = *°c°*: *acre (poacre).*
= frz. *i.*

166. *°g°* = *ē°* : *aie (plaie) oi*
(doi) oient (esmoient) ois =
°l°: *eille (veille).*

167. *°g°* = *°i°*: *uit (bruit).*

= frz. o.

168. *°g* s. a. = *°c* s. a. : *eu*
(sarqueu).

169. *°gᶜ*=*°r°* : *ier, iere(entiere)*
= *°n°* : *ine (orine)* = *°nᶜ*: *eins*
(seins).

170. *°g°* = *°t°* : *ue (rue).*

171. *ᶜg°* = *°t°* : *ort (gort) ourt*
(sourt) = *n-r* : *cindre, eindrent*
(esteindrent).

Lat. *ng.*
= frz. *in.*

172. *'ng'* = *'n'* : *einent (attei-*
nent) = *'nct* : *eint (pleint) ointe*
(acointe).

= frz. *ign.*

173. *'ng'* = *'nj'* : *oigne (alo-*
igne).

Lat. *h.*

174. Anl. *h* findet sich in der
Schrift noch oft erhalten in *homme,*
nämlich 5 mal in Reimworten,
während es nur 2 mal darin ohne
h vorkommt. Dagegen findet sich
hore nur einmal, dafür aber
hennor noch öfter im Text.
Auch sind zu bemerken *ha* 210,12
und *horri* 191,2.

c. Gaumenlaute.

Lat. *tj.*

= frz. *c (ss).*

175. *'tj'*=*'ss'* : *esse (megeresse)*
= *°s'* : *asse (masse)* = *'cj'* : *ace*
(grace).

= frz. *is.*

176. *'tj* s. a. = *'s▼* : *is (pris)*
ise (seruise 7,11) = *'sᶜ* : *uis (puis).*

Lat. *dj.*
= frz. *g.*

177. *ᶜdj'*=*'nj'* : *eigne(apreigne).*

= frz. i.

178. ^{v}dj s. a. = iᶜ : i (demi).

179. ^{v}dj^v = ^{v} : oie (joie) : ie (demie) = ^{v}dv^v, ^{v}vj^v : uie (ennuie).

180. ᶜdj^v = ^{v}nj^v : oinne (vergoinne).

Lat. sj.

= frz. is.

181. ^{v}sj s. a. = °s s. a. : ais (Gatinais).

182. ^{v}sj^v = ^{v}s^v : ise, ises (eglises) = ^{v}cj^v : aise (mesaise).

Lat. cj.

= frz. c.

183. ^{v}cj^v = ^{v}tj^v : ace (face) ice (office).

= frz. is.

184. ^{v}cj^v = ^{v}sj^v : ese (plese).

Lat. pj.

= frz. g'.

185. ^{v}pj^v = ^{v}tj^v : age (sage).

= frz. ch.

186. ^{v}pj^v = ^{v}oc^v : ouche (aprouche).

= frz. i.

187. ^{v}pj s. a. = ^{v}v^v : ei (sei).

Lat. bj.

= frz. g'.

188. °bj^v = ^{v}nj^v : ange (change).

= frz. i.

189. Ueberall, wie gewöhnlich im Auslaut. aie und aient sind Analogiebildungen.

Lat. vj.

= frz. g'.

190. ^{v}vj^v = ^{v}g^v : ier (legier).

= frz. i.

191. ^{v}vj^v = ^{v}dj^v : uie (pluie).

Lat. mj.

= frz. ng'.

192. ^{v}mj^v = ^{v}nj^v : ie (congie).

Lat. nj.

= frz. ng'.

193. ^{v}nj^v = ^{v}lj^v : ange (estrange) = °nj^v : onge (menconge).

= frz. ign.

194. ^{v}nj^v = °dj^v : aigne (ouraigne) = ^{v}ng^v ; oigne (besoigne).

= frz. in.

195. ^{v}nj^v = ^{v}n^v : oine (essoine).

Lat. lj.

= frz. il.

196. ^{v}lj^v = ^{v}cl^v : aille (touaille) ailles, aille = ^{v}gl^v : eille (merucille) = ^{v}ll^v ; ille (fille).

197. ^{v}lj s. a. = °l s. a. ^{v}ll s. a. : il (fil).

Lat. rj.

= frz. ir.

198. ^{v}rj^v = ^{v}r^v : ier, iere, ire (matire) oire = °r^v : aire (contraire) aire, ere.

d. Lippenlaute.

Lat. _p._
= frz. _b._

199. ᵛp° = ᵛb° : _ible (trible)
oble (Constentinoble)._

= frz. _v._

200. ᵛpᵛ = ᵛvᵛ, ᵛdᵛ : _oeue
(troeue)_ = ᵛqᵛ : _eiuc (aperceiue
56,17)_ = ᵛvᵛ : _iue (eschiue)._

= frz. ○.

201. ᵛp° = °tᵛ : _ade (sade)_ =
ᵛtjᵛ, ᵛssᵛ : _asse (chasse)_ = ᵛsjᵛ :
ais (demenais) = ᵛrᵛ : _eure (seure)_;
ᵛb° : _ot (sot)_ = ᵛstᵛ : _it (escrit)_;
ᵥttᵛ : _outes (routes)._

202. °p° = °s s. a. : _ens (tens)._

Lat. _b._
= frz. _b._

203. ᵛb° = ᵛp° : _ible, oble (noble)._
= frz. _v (u)._

204. ᵛbᵛ = ᵛvᵛ : _oeue (proeue)_
= ᵛtt s. a. : _ot (amot)._

205. ᵛb° = ∞ : _iure._
= frz. ○.

206. ᵥbᵥ = ○ : _oie, oies, ut_
= ᵛdᵛ : _oient_ (impf.) = ᵛn° : _ont_
(prs.).

207. ᵛb° = ᵛst s. a. _as_ =
ᵛp° : _ade (malade)_ = ᵛrjᵛ : _ire
(escrire)_ = ᵛttᵛ : _oute (doute)._

Lat. _v._
= frz. _v._

208. ᵛvᵛ = ᵛpᵛ : _iue (viue)_ =
ᵛbᵛ : _oeue (esmoeue)._

= frz. ○.

209. ᵛvᵛ = ᵛpj s. a. : _ei (osei)._

210. ᵛv.° = ᵛc², ᵛb° : _a_ (prt.)
= ᵛc², ᵛc s. a. ᵛt s. a. : _i (eissi)_
= ᵛs s. a. : _is (nais vis)._

Lat. _dv._
= frz. _u._

211. °idvᵛ = _odj_ᵛ : _uie (vuie)_
s. S. 44.

e. Dauerlaute.

Lat. _m._
= frz. _m._

212. ᵛmᵛ = °mᵛ : _ime (rime)_;
ᵛnᵛ : _on, ns_ = ᵛmnᵛ : _ome (Romme)
ume (plume)._

213. °mᵛ = ∞ : _aume, aumes._
= frz. _n._

214. ᵛm° = ᵛn° : _ange, ens
(tens)_ = ᵛn° : _on (non)._

= frz. ○

215. Ueberall regelrecht im
Auslaut nach tonlosem Vocal.

Lat. _mm._
= frz. _m._

216. ᵛmmᵛ = ᵛmnᵛ : _ome (some)._

Lat. _mn._
= frz. _mm, m._

217. ᵛmnᵛ = ᵛmᵛ, ᵛnmᵛ : _ame
(dame) omme_ = ᵛmᵛ : _ume (alume)
ument._

Man sieht hier den Beginn der
neuen Schreibung von geminirter
Konsonanz an Stelle der bisher üb-
lichen einfachen, um nämlich die

Kürze des vorangehenden Vokals anzudeuten. *Romme* 24,12. *homme* 152,9. 88,29, doch umgekehrt auch noch *some* 101,26 und 200,10 wie wir eben sahen. Auch bei *l* findet sich mehrmals *ll*, doch noch weit vorherschend *l*, so namentlich noch bei den sonst oft *ll* zeigenden *ecole* und *parole*.

Lat. *n.*
= frz. *n.*

218. $^v n$ s. a. $= \infty : ain, ein,$ *en, in, un.*

219. $^v n^v = {}^c m^v : ine$ (*raine*).

220. $^v n^c = {}^v m^c : ens$ (*sens*) *onte* (*monte*) $= {}^v n^{\cdot c} : ons$ (*semons*).
= frz. ᴏ.

221. In den bekannten Fällen *païs, pris, pois* (*pensum*), *retor.*

Lat. *nm.*
= frz. *m.*

222. $^v nm^v = {}^v mn^v : ame.$

Lat. *gn.*

223. Bleibt der Schreibart nach meist *gn*; wird jedoch durch *in* ausgedrückt in *seins* (Glocken) sowie in *acointe*.

Dem Augenreim zu Liebe ist ein *gn* geschrieben in *enterignes* und *hymgnes* 41,21−22. Doch findet sich erstere Schreibung im Altfranzösischen ja öfter und ist bekanntlich einer Umstellung von *integrinus* zu *enterignus* durch Einfluss von *benignus* zuzuschreiben.

Lat. *ng* s. § 171.

Lat. *l.*
= frz. *l.*

224. $^v l^v = {}^v ll^v : eles$ (*teles*) *ole* (*parole*) $= {}^v lj^v : ile$ (*avile*).

225. $^v l^c = \infty : eult, eulz.$

226. $^o l$ s. a. $= {}^o ll$ s. a. : *al* (*mal*).

227. $^c l^v = \infty : able, ables,$ *emble, ible, oble.*
= frz. *u.*

228. $^v l^c = {}^v ll^c : aus$ (*paroisiaus*).
= frz. *n.*

229. $^v l^v = {}^v lln^v : ine$ (*narrine*).
= frz. *r.*

230. $^c l^v = {}^v tr^v : ostres$ (*apostres*).
= frz. ᴏ.

231. $^v l^c = {}^v s^c : ouse$ (*pouse*) $= {}^v b^c : outes$ (*escoutes*) $= {}^v t^c : us$ (*nus*).

Dies kommt sowol im Westen als im Französischen vor, dagegen findet sich kein Beispiel, dass nach Art des Normanischen *l* vor flexivischem *s* gefallen wäre nach *i*, vielmehr steht 29,18 *fil* (*filius*): *peril.* obl.

Lat. *ll.*
= frz. *l* (*ll*).

232. $^v ll$ s. a. $= {}^v lj$ s. a. : *il* (*il*) $^c l$ s.a.: *al* (*aval*).

233. $^v ll^v = {}^v l^v : eles$ (*ceneles*) *ole* (*fole*) $= {}^v lj^v : ille$ (*ville*).
= frz. *u.*

234. $^v ll^c = {}^v l^c : aus$ (*seiaus*) *eaux* (*tropeaux*).

Lat. *l (s)*.
= frz. *x* (= *us*).

235. ᵛ*l* (*s*) = ∞ : *ex* (*chatex*).
Doch finden sich 33,4 auch 2 Fälle
von Erhaltung des *l* vor *s* *cruels*:
hainels.

Lat. *r*.
= frz. *r*.

236. ᵛ*r*ᵛ=ᶜ*r*ᵛ : *iere, oire* (*voire*)
= ᵛ*rj*ᵛ : *ier, iere, ieres, ire* = ᵛ*rr*ᵛ :
orent (*plorent*).

237. ᵛ*r* s. a. = ∞ : *air*, *er*,
ier, *ir*.

23̇3. ᵥ*r*₀ = ∞ : *arde, arge, art,*
artres, eindre etc.

239. ᶜ*r*ᵛ = ᵛ*r*ᵛ : *ierre* (*pierre*),
oire (*prouoire*), *ire* (*dire*) = ᵛ*rj*ᵛ :
aire, eire, ere, oire = ᵛ*rr*ᵛ : *eire*
(*veirre*).

Lat. *rr*.
= frz. *rr*.

240. ᵛ*rr*ᵛ = ᶜ*r*ᵛ : *erre* (*terre*).
= frz. *r*.

241. ᵛ*rr*ᵛ = ᵛ*r*ᵛ : *orent* (*acorent*).

Flexion.
A. Nominalflexion.

Im Allgemeinen werden die alten Regeln noch befolgt, öfter
weicht der Dichter jedoch dem Reim zu Liebe davon ab und zieht
dann die Schreibung des cas. obl. meist der des cas. rect. vor,
während bei Bindungen von gleichen casus fast ohne Ausnahme
noch die alten Formen beachtet sind.

I. Feminina.
a) Vokalische Deklination.

Der lateinischen Flexion ist nur noch Rechnung getragen in
grans 195,18 (: *enfans*), während sich *real* unflektirt findet.
Sonst treten secundäre Feminina auf *e* für lat. Adjectiva auf *is*,
-*e* hier schon mehrfach auf: *grieue* 162,16; ausserdem oft im Vers:
43,16. 44,14. 79,24. 206,13.

Natürlich findet sich auch das bekannte *dolente* 159,5. *Nobile*
54,27 ist schon besprochen = **nobil(i)a*.

nom. pl.

zeigt stets *s*. Zu merken: *dolentes* 183,27.

obl. pl.

Eingeschlechtig noch *grans* 64,10.

b) Konsonantische Deklination.

Sehr wenig belegt. Nur nom. sing.: *la main* 173,22. *fois* 196,28.

II. Masculina.

1te. Deklination.

Im nom. sing. ohne *s*: *pere* 17,22. 38,12. *personè* 168,26. *espie* 114,26. *deliure*: *iure* 146,26 Mit *s*: *liures* 18,17. 120,13. *deliures* 120,14. 201,23. *prestres* 165,4: *celestres.* n. pl.: *deliures* 145,15.

2te. Deklination.

nom. sing.

Hier zeigt lat. masc. noch vorwiegend *s*: *primes* 88,26. 154,30. *meismes* 73,23. *il meismes* 40,19 (und daneben wie neufranzösisch *lui meismes* 142,1). *apostres*: *nostres* 38,10. *cruels*: *hainels* 33,4. *parfons* 56,7; *fors* 74,10. *nus* 29,9. 71,16. *cors* und *pors* stets mit *s*. *Guillaumes* 170,4. *Robers* 208,8 selbst *Meilleurs* 26,10.

Wo ohne *s*, ist es ausser in *sire* 28,24 dem Reim zuzuschreiben. So z. B.: *tonnerre* 84,15. *espert* 27,29. 72,14. *muet* 35,17. 117,25. *parfont* 98,9. *linceul* 65,19. *sage* 11,20. 108,16. *tel* 64,2 etc.

Zweimal findet sich allerdings auch *cas. rect.*: *cas. rect.* ohne *s*, nämlich:

> 26,29 Li euesques et le deien
> Lun premier lautre darrien.

> 63.25 Trop lez et trop espoentable
> Croire deuez que cert deable.

Doch ist es fraglich, ob diese Schreibung wirklich vom Dichter herrührt.

Auch dass das lat. Neutrum meist kein *s* zeigt, wird auf Rechnung des Reimes zu setzen sein: *pigment* 76,24. *seintuaire* 20,6. 178,31. *repeire* 6,11. *menconge* 138,30. 148,19. *reigne* 50,4. *esuangile* 54,28. *erre* 84,16. 156,4. *enpire* 210,16, gegen *consuns* 192,24: *haus. domages* 128,18: obl. pl. Das neutrale Adj. u. Part. entbehrt dagegen mit Recht *s*: *Si com est ci deuant tneitie* 29,28.

obl. sing.

Stammhaftes *s* wird natürlich bewahrt: *fons* 56,8. *tens* 164,18.

Als Eigenname steht mit *s*: *Oliens* 74,2, dagegen *Gile* 193,9,21.

Offenbar falsch steht das Flexionszeichen an folgenden Stellen: *espers* 173,24. *darreniers* 183,17 und 20,23.

> La dame ce seint vestement
> Auoit vestu celui meismes
> Si haut si precieus si seintimes.

nom. pl.

Noch meist ohne *s* bei Wörtern der lat. *o* Deklination: *lei* 22,1.
74,5. *ami* 124,23. 143,20. *suge* 97,11. *chapelain* 201,31. *malade*
196,12. *paroissien* 180,13. 189,7.

Dagegen mit *s*: *deniers*: *ouuriers* o. pl. 31,17. *amis* : *mis* p. p.
52,12. *prisonniers*: *deniers* o. pl. 145,12.

Ebenso bei lat. *i* und konson. Deklination: *macon* 101,27.
brandon 105,17. *breton* 105,11. *bacheler* 94,22. *fort* 170,4. *commun* 69,3.
Doch *creables* : *veritables* n. pl. 207,9. *paroissiaus*: *tropeax* o.
pl. 41,12. *autex*: o. pl. 47,11. *esperis*: *peris* n. pl. (beide wohl mit
leichter Änderung als n. s. zu fassen) 57,18.

obl. pl.

Regelmässig *s*, auch bei :*miracles* 42,20. *vestemenz* 176,2.

gen. pl.

findet sich noch in *ancionnor* 73,12.

Tels com au tens ancionnor.

3te. Deklination.

Die Wörter auf lat. *ator* bilden ihren nom. sing. noch 3 Mal
vom lat. nom. zeigen jedoch auch *s*: *ianglierres*: *bordierres* 112,28.
currierres 84,22.

Ebenso oft findet sich jedoch schon die dem lateinischen *cas.*
obl. entsprechende Form: *iangleeur*:*peeur* neutr. n. s. 33,26. *lecheor*:
iangleor 112,22.

Für den nom. pl. sind nur 3 Reimbelege vorhanden: *pecheor*:
sauueor o. s. 101,2. *bourgueignons*:*compaignons* 182,19.

B. Verbalflexion.

Die 3. pers. sing. zeigt zeitgemässe Behandlung. In Betreff
einiger ausweichenden Schreibungen vgl. § 101 u. § 105.

Die 1. pers. sing. ist ohne Flexions -*s*: *di, fiaie, reccuraie.*

Die 1. pers. pl. hat *n* für lat. *m* und meistens kein *s*, nämlich
in 19 Fällen, während nur 4 Formen mit *s* vorkommen.

Die übrigen Personen bieten nichts Bemerkenswertes.

Von den andern Verbalformen soll nur noch das part. passé
und zwar hauptsächlich die syntactische Behandlung desselben
einer Betrachtung unterzogen werden und zwar im Anschluss an
die Arbeit von Busse »Das part. passé im Altfranzösischen bis
zum Anfang des 13. Jh.«

Da unser Text gut 50 Jahre jünger ist, dürfte sich eine Ver-
gleichung lohnen.

Ausg. u. Abh. (Fölster). 3*

Vorher möge erwähnt werden, dass der nom. sing. masc. von -*atus* u. -*itus* im Reime meist ohne *s* begegnet. Letzteres findet sich nur in *trenchies* 89,4. *blecies* 15,8 sowie indifferent 189,13. 201,21, öfter aber bei -*ūtus*: *creus* 18,1. *tenus* 114,30. *venus* 71,15 indifferent 36,24. 111,25. 154,22. Der nom. pl. ist stets ohne *s*, nur einmal findet sich *venus* : *tenus* n. s. 114,29.

Wenden wir uns nun zur syntactischen Behandlung des Partic. bei *avoir* und zwar zunächst, wo es sich auf ein Objectiv pl. masc. bezieht. Von den 6 bei Busse verzeichneten Stellungen kommen bei männlichem Objekt in den Reimen des Gedichtes nur 2 vor, II und III.

Stellung II. V. O. P.

Nach B. S. 25 ist hier bei gelehrter Dichtung des 12 *s*. Kongruenz feste Regel; auch in unserm Texte finden sich 2 Fälle von Kongruenz gegen 1 Fall von Inkongruenz.

vestus 123,9. *colles* 118,15. *ot grans tres beu* 118,14.

Stellung III. O. V. P.

a. Objekt = sb.

Nur ein Fall: *tretous ces dis* (= Worte) *ot entendu* 15,23.

b. Objekt = pron. pers.

Auch hier ist das Part. gegen die Regel zweimal unflektirt: *les a bien amoneste* 26,14. nur scheinbar aber: *nos a veu* : *teü* n. s. m. 33,31, dagegen *trauaillies* : *baillies* 2. pl. imp. 74,27.

c. Objekt ein pron. rel.

In allen 4 vorhandenen Fällen ist die Kongruenz-Regel wiederum nicht beachtet: o. pl.: *garde, soutenu* 29,31. *visite* 30,7. *amenteu* 42,28. Alle diese Verletzungen dürfen wir wohl als aus dem Reimbedürfnis des Dichters entstanden ansehen.

Bei weibl. Objekt im sing. begegnen in der Stellung I. V. P. O.: 2. Fälle von Inkongruenz: *retenu* 35,12. *tenu* 178,30; ebenso 1 Fall bei weibl. Obj. im pl.: *veu* 90,6. Bei vorangehendem Objekt findet dagegen stets Kongruenz statt, ebenso bei weibl. Obj. im pl. in der Stellung III a: *escoutees* 116,16. *arrestees* 137,3. 101,18,19. und in der Stellung II: *saoulees* 182,10.

Verzeichniss der Reimwörter.

144,23. aminoſ p. p. m. s. n. 35,3. amitié
sb. f. o. 36,7. 62,9. amoncelé p. pl. m. n.
60,26. amonet-e prs. i. 3. s. 128,12.
132,14. -er 68,3. -é p. pl. m. o. 26,13.
amont adv. 29,14. 98,10 etc. amortez
a. pl. m. o. 191,10. an s. m. o. 91,11. ans
pl. 11,17. 211,1. ancelle sb. f. n. 70,21.
107,14. anceserie sb. f. o. 173,14.
anchoistre sb. m. o. 202,2. anciENNE-
ment adv. 91,7. ancïens a. pl. m. o.
41,14. ancionnor sb. pl. m. o. 73,12.
andeus. 63,23. anemi a. m. o. 66,25. anges
sb. pl. m. o. 90,1. 141,3. angoisse sb. f. o.
65,11. angoiss-a 167,10. -ent 202,29.
annéc sb. f. o. 102,28. antiquité sb. f. o.
20,19. anuita 93,11. anunciation
sb. f. o. 163,19. aor-er 30,11. -a 112,1.
-e prs. i. 3. s. 65,7. 207,6. -ée p. p. s. f. n.
16,1. aorne adv. 56,31. aoust sb. s. m. o.
97,19. 162,29. apai-a 71,20. -er 49,14.
-é p. pl. m. n. 71,27. apareilliée p. p. s. f. n.
25,7. apel-a 1,16. 33,8. -aient 39,25.
-e prs. i. 3. s. 6,30. 163,7. -erent 153,23.
apent prs. i. 3. s. 133,10. aperceiue prs. c.
3. s. 56,17. -aperceuant ger. 6,23. apere
prs. c. 3. s. 25,5. 55,12. aperra 170,29.
aparant a. v. s. m. n. 78,17. apert
a. s. m. o. 10,2. 185,10. apertement
adv. 139,12. aport-a 105,14. -oient
40,6. -ez p. p. s. m. n. 191,19. apostoire
sb. s. m. o. 24,8. apostres sb. s. m. n.
38,10. aposture sb. f. o. 198,26. apren-
dre 102,11. 107,25. apris p. pl. m. n.
93,4. apris p. s. m. n. 185,8. apresce
sb. f. o. 162,10. apreste a. s. f. n. 55,15.
aprestée a. v. s. f. n. 146,17. aprison
sb. s. f. o. 39,29. s'aproch-ier 199,25.
-e prs. i. 3. s. 126,13. -a 65,30. 116,28.
s'aquit-a 16,31. -ites prs. i. 2. s. 133,13.
Aquiteine n. pr. 142,22. aracha 125,13.
arbalestes sb. pl. f. o. 181,13. ardant
ger. 7,10. ardons 203,31. arde prs. c. 3. s.
203,26. 204,5. art prs. i. 3. s. 13,17. ars
p. p. s. m. n. 203,28. arse p. p. s. f. n.
22,13. arguë prs. i. 3. s. 134,1. arrastell-er
11,27. -a 12,1. arrest-er 69,30. -e
p. p. s. m. n. 64,12. arriere(s) adv.
129,14. 149,18. 164,4. arrieement adv.
204,28. aronde sb. f. n. 125,29. arson
sb. 65,13. arsure sb. 5,8. 13,23. art
sb. m. o. 34,16. assaillent 180,16. assaut
prs. i. 3. s. 133.19. asaut sb. s. m. o. 133,20.
asegié p. p. pl. m. n. 180,5. asemblée
sb. f. n. 26,27. asembl-erent 67,31.

159,18. 171,31. -é p. p. pl. m. n. 37,29.
assen-a 104,28. -é a. pl. m. n. 119,21.
aserant ger. 135,17. asëur a. s. m. n.
137,18. asëurance sb. f. o. 141,27.
asse-z, -s adv. 31,15. 59,24. 93,9 etc.
assise p. p. s. f. n. 10,1. assoagié
p. p. s. m. n. 189,14. assoust prt. 3. s.
165,26. assouse p. p. s. f. n. 165,28.
assumpcion sb. f. o. 97,24. atachierent
69,8. atant adv. 100,7. 155,23 etc.
ateindrent 183,18. ateinent prs. i. 3. pl.
78,21. ateinte p, p. s. f. n. 4,20. atend-re
13,18. 151,1 etc. -ra 94,27. -es prs. c.
2. s. 166,13. -ent prs. i. 18,28. -irent
147,19. atent prs. i. 3. s. 203,21. aten-
draier 110,6. atirier 201.22. atis-e
prs. i. 3. s. 151,19. 131,3. -ans p. prs.
flir ger. 34,2. atochier 65,17. 199,26.
aumoire sb. f. o. 18,10. aumonestaient
168,15. antex sb. pl. m. n. 47,11.
176,2. autel pron. 116,1. 47,10. autorité
sb. f. o. 19,20. autrement adv. 185,27.
autresi adv. 53,15. aual. adv. 29,2.
aual-a 108,15. -é p. p. s. m. o. 8,10.
-ée p. p. 146,18. auanc-ier 42,10. -e
prs. i. 3. s. 25,1. -iée p. p. s. f. n. 42,16.
auantage sb. m. o. 75,14. auenant
a. s. m. o. 100,4. auen-oient 41,27.
-issent impf. c. 106,7. -u p. p. s. m. n.
39,8. 87,1. 35,11. 108,7. -ue p. p. s. f. n.
23,1. 24,27. auiegne prs. c. 3. s. 189,11.
198,12. auenture sb. s. f. n. 34,29. 89,2.
o. 11,12. 144,13. auere a. s. f. n. 131,15.
auersière a. s. f. n. 181,9. auersierres
sb. pl. m. o. 127,15. auile prs. i. 3. s.
193,24. auis sb. s. m. n. 6,15. 8,27. 193,15.
auis-a 61,3. -oit 9,4. auison sb. f.
187,8. auiué a. s. m. n. 186,12. p. pl. m. n.
90,31. auocace sb s. f. n. 210,21. auoine
sb. s. f. o. 167,27. auoi-a 104,17. 120,21.
-é p. pl. m. n. 40,21. auoir sb. s. m. o.
18,19. 22,23. 144,19. auoir inf. 10,17.
144,10. ai 42,21. as 139,6. a 4,1.7,2.8,17.
11,1. 15,12 etc. ont 113,24. auoient
40,7. 70,29. ot 39,5. 59,23. 98,8. 141,19.
orent 10,8. 13,28. 71,1. aie 2,1; aient
38,25. ëust 34,28. 90,13. 126,6. aura
95,2. auras 194,18. ëu p. p. s. m. o.
77,31. 81,15. ëue p. p. f. o. 119,27. 198,4.
auoer 2,9. 178,24.

baaler 70,18. bâchelcr sb. s. m. o. 84,5.
85,5. pl. m. n. 94,22. baillie sb. s f. o.
92,27. 102,23. bailliez imperat. 74,28.

baleine sb. s. f. o. 28,18. baptesme
sb. m. o. 108,10. barnesses sb. pl. f. n.
196,14. beissiée a. v. s. f. o. 64,28. belle
a. s. f. n. 14,14. 117,26. 137,10. o. 38,7.
45,13. 148,12. belement adv. 89,6.
bendé p. p. s. m. n. 94,20. benĕuré
a. s. m. o. 139,24. 146,15. benniere
sb. s. f. o. 181,8. benignes s. s. m. n.
114,4. beneïstrent prt. 77,1. benoï
a. s m. o. 165,25. beneïe a. s. f. o. 161,2.
berceul sb. s. m. o. 65,18. Berohieres
n. pr. 68,7. 67,5. berciée p. p. s. f. o.
49,15,29. besoient 11,2. besoigne
sb. s. f. o. 11,11. 25,24. 68,21. 153,27
etc. besoigne prs. i. 3.s. 25,25. besoigneus
s. pl. m. n. 85,12. beste sb. s. f. o. 127,7.
bĕu p. p. s. m. o. 79,2. pl. m. o. 118,14.
beneor sb. s. m. o. 115,1. biauté sb. s. f. o.
137,2. bien adv. 192,1. Blanche n. pr.
211,13 blanche a. s. f. o. 136,7. blanchie
a. v. s. f. n. 210,7. blecĕure sb. s. f. o.
87,19. bleci-é, -ez p. p. s. m. n. 94,10.
15,8. Blois n. pr. 142,9. boiasse
sb s. f. o. 44,12. boidie sb. s. f. o. 34,22.
114,20. bonement adv. 25,31. Boneuil
n. pr. 80,28. bonté sb. s. f. o. 12,22.
39,15. bordes sb. pl. f. o. 113,11.
bordierres sb. s. m. n. 113,1. borgu-
eignons sb. pl. m. o. 182,13,19. borse
sb. s. f. o. 134,4. borsouflée s. s. f. n.
190,24. bouche sb. s. f. o. 3,20. 50,5.
114,9. 188,13 etc. bout-e prs. i. 3. s.
151,14. -er 192,19. -erent 60,21. brandon
sb. 105,17. braïsion a. s. m. n. 104,7.
breire inf. 51,5. 192,16. breite sb. s. f. n.
103,16. brese sb. s. f. o. 176,9. Breteigne
n. pr. 102,25. breton sb. pl. m. n. 105,11.
Bretonnerie n. pr. 102,24. briement
adv. 42,13. 48,19. brisées a. pl. f. o.
39,28. broié p. p. s. m. o. 210,6. bruiant
a. v. s. f. o. 125,27. bruit sb. s. m. o.
182,2. bruléep. p. s. f. n. 66,23. but
prt. 164,28. burent 28,13.

ca adv. 208,29. cachié p. p. s. m. n.
139,22. caleforchiés sb. pl. m. o. 89,5.
Cantorbere n. pr. 173,12. celebrerroit
cond. 159,27. cel-er 154,10. 186,6.
-é p. p. s. m. n. 87,1. 60,27. -ée p. p. s. f. n.
116,8. cellement adv. 185,28. celestiau
a. s. f. o. 141,4. celestre a. s. m. n. 82,16.
116,15. o. 48,1. 71,29. a. f. n. 101,1.
celle pron. 14,15. 29,25. 107,13. celui
pron. 187,17. cendre sb. s. f. o. 13,14.

17,25. 177,9 etc. ceneles sb. pl. f. o.
196,11. centiesme sb. pl. f. n. 167,16. cen-
turion sb. s. m. o. 111,18. cerch-a 177,12.
-erent 109,4. -iée p. p. 210,31. certe
a. s. f. n. 177,3. certeine a. s. f. o. 142,21.
certainement adv. 17,19. 29,4. cess-e
prs. i. 3. s. 12,27. 159,15. -a 46,11.
-ast 49,29. ceste pron. f. s. o. 162,25.
chaable sb. s. m. o. 81,25. chacier
inf. 192,20. chacune pron. 160,21.
chaoir 20,4. chaïrent prt. 29,16. 174,1.
cheï, chaï prt. 93,22; 164,12. ch[i]e
prs. c. 3.s. 210,30. chĕu p. p. s m. o. 56,29.
84,19. chĕue p. p. 100,15. chaille
prs. c. 3. s. 133,11. chaitiue a. s. f. o. 4,8.
6,5. chaleur sb. s. f. o. 29,7. champaigne
sb. s. f. o. 152,11. chanberiere sb. s. f. o.
44,20. chancelier sb. s. m. o. 184,21.
187,13. chandeleur sb. s. f. o. 160,25.
change prs. i. 3. s. 132,4. chanoine
sb. pl. m. n. 25,28. chanpions sb. s. m. n.
138,20. chant-e prs i. 8 s. 209,23. -erent.
105,9. -eroit 158,29. Chantereine
n. pr. 69,16. chapalu a. s. f. o. 105,12.
chapelein sb. s. m. o. 204,22. pl. m. n.
201,31. chapelle sb. s. f. o. 150,4. 159,12.
chareite sb. f. o. 103,16. chars sb. m. pl. o.
40,5. chargable a. s. f. n. 81,26. charge
sb. s. f. o. 78,11. chargemment adv.
81,21. chargié p. p. s. m. o. 103,21.
charie prs. i. 3. s. 195,4. charité sb. s. f. o.
68,2. charnage sb. m. 204,13. charoigne
sb. s. f. o. 193,17. charpentiers sb. pl.
m. o. 31,5. chartein, -e n. 42,13. 181,28.
Chartres n. pr. 13,1. 15,3 etc. chartres
sb. pl. f. o. 18,2. 149,24. chartres
sb. pl f. o. 15,4. 39,22. chasse sb. f. n.
28,2. o. 20,8. 22,14. 116,11. chatel
sb. s. m. o. 70,30; 26,17. chatement adv.
140,16. chatient prs. i. 52,15. chemin-er
135,13. -e 131,29. -oies 162,15. chemin
sb. s. m. o. 40,27. chemise sb. s. f. n.
20,14. o. 20,27. 121,6. 179,5 etc. chenez
sb. pl. m. o. 195,14. chenu a. s. m. o.
74,22. Chetiaudun n. pr. 81,3. chief
sb. s. m. 80,16. 190,22 193,2. chien
sb. s. m. 191,31. chier, -e a. 76,19.
121,3. 136,19; 4,23. 14,28. chiere
sb. s. f. o. 78,28. 8,8. 59,8. 44,24. chose
sb. s. f. o. 132,13: 78,20. ci adv. 165,8.
cimetire sb. s. m. o. 186,29. cire
sb. s. f. o. 7,30. 207,24. cirurgiane sb. s.
f. o. 189,4; 197,29. cist pron. 14,20.
cité sb. s. f. o. 23,11. 135,10 etc.; 91,5.

citeien sb. pl. m. n. 180,4. clama 2,15.
claime prs. i. 3. s. 21,7. 73,4. clameur
sb. s. f. o. 15,18. clarté sb. s. f. o. 137,1.
clere a. s. f. o. 79,20. 173,11. clergïe
sb. s. f. o. 184,7. 18,14. cloistre sb. s.
m. o. 202,3. clout prt. 161,16. cloïst
impf. c. 34,19. clouse p. p. s. f. o.
152,15. 167,3. clous sb. pl. m. o. 39,24.
coarde a. s. f. n 33,15. coie a. s. f. n.
10,7. coigniée sb. s. f. n. 93,23,28.
collez p. pl. m. o. 118,15. colour sb. s. f. o.
57,22. combattre 180,13. command-e
prs. i. 3. s. 69,2 [commant prs. i. 1. s.
51,17; c. 3. s. 195,29]. -erent 77,3. -ast
108,29. -é p. p s. m. o. 86,16. commande
sb. s. f. o. 85,11. commant sb. s. m. o.
195,30. comme conj. 207,4 commenciée
p. p. 42,15. comment conj. 190,13.
compere prs c. 3 s. 33,23. compaigne
sb. s. f. o. 182,12. 183,8. compaignie
sb s. f. o. 139,9; 145,22. compaignons
sb. pl. m. o. 182,14,20. compleindre
4,18. 145,20. -einte p. p. 157,15. com-
pleinte sb. s. f. o. 24,5. 177,1. complie
sb. s. f. o. 106,15. commun a. s. m. o.
69,3. 161,13. 209,11. communement
adv. 48,20. 91,6. 76,23. communier
99,17. concience sb. s. f. 119,14; 142,25.
144,7. chonchiés p. p. s. m. n. 195,24.
concille sb. 102,29. conduit prs. i. 3. s.
105,22. conduit sb. m. o. 105,21. confes,
-se a. 85,1; 160,11. confess-e prs. i. 3. s.
160,12. -a 157,21. -ast 165,20. confession
165,7. confort sb. s. m. o. 138,18. 141,12.
confortables a. pl. f. o. 137,14. confort-e
prs. i. 3 s. 4,11. -a 66,14. confundi prt.
3. s. 19,28. confuse a. s. f. n. 163,14.
congié sb. s. m. o. 146,30. conioï, -e
p. p. 195,6; 101,8. connoissent prs. i.
202,28. conpassés p. p. s. m. n. 102,1.
consaus sb. s. m. n. 192,14 [conseil o.
131,20. conseill-ier 155,7. -a 94,13.
conseil prs. i. 1. s. 131,19. consentirent
prt. 26,5. consente sb. f. o. 158,22.
Constentinoble n. pr. 180,25. conte
sb. s. m. o. 54,17. 106,12. cont-e prs. i. 3. s.
54,18. 179,11. -a 142,11. contreire
sb. m. o. 123,28. contraire a. s. m. o.
132,10. f. n. 151,7. contreite a. s. f. n.
46,7. contredite p. p. 27,6. contrester
179,25. contriction sb. s. f. o. 36,2.
110,12. controuaille sb. s. f. o. 178,6.
conuenoit 5,15. conuenable a. s. f. n.
130,18. conuoie prs. i. 3. s. 57,31. 66,10.

corage sb. s. m. n. 120,17. corbeilles
sb. pl. f. o. 72,2. corde sb. s. f. o. 100,26.
corée sb. s. f. o. 196,7. corine a. s. f. n.
63,4. cornée a. s. f. o. 1,4. cors sb. s. m. n.
169,29. 190,31. pl. m. o. 181,25. corre
inf. 50,31. courir 53,23. corroit 61,18.
corent prs. i. 13,11. queure prs. c. 3. s.
122,20. court sb. s. f. o. 204,20. couroucié
a. v. pl. m. n. 94,10. cortoisie sb. s. f. o.
66,3. coste sb. s. f. o. 76,11. coustement
sb. s. m. n. 21,22. coustume sb. s. f. o.
95,17 cousture sb. s. f. n. 96,5. costroit
impf. 96,1. coteles sb. pl. f. o. 194,5.
couche sb. s. f. o. 195,28. couchier
136,18. coupable a. s. m. o. 14,25.
coupa 93,30. coust sb. s. m. o. 97,18.
162,30. couste prs. i. 3. s. 131,23.
coustumance sb. s. f. o. 50,7. couurirent
187,2; couuert p. p. 112,20. cueure
prs. i. 1. s. 154,21. couuoitise sb. s. f. n.
151,18. creables a. pl. m. n. 207,9.
creance sb. s. f. n. 111,16; o. 45,1. 52,4.
114,23. creindre 142,23. 168,3. creme-
teuse a. f. n. 33,16. creu-er 165,30. -a
58,23. criator sb. s. m. o. 80,15. cri-a
4,4. 15,2 etc. -er 173,25. -e 51,29.
criée sb. s. f. o. 85,7. Crist n. pr. 19,18.
20,17. croire 18,15. creire 48,13. craire
38,23. craient prs. c. 38,21; craies
prs. c. 139,2. crut prt. 144,6; crëuz
p. p. s. m. n. 18,1. 154,22. crut v. croître
144,5. crote sb. s. f. o. 28,3. 30,6.
croucifier 28,26. cruels a. s. m. n. 33,3.
cyrurgien sb. pl. m. n. 189,8. cuer
sb. s. m. o. 37,5. cuida prt. 93,13. cure
sb. s. f. o. 92,7. 155,3. curée p. p. s. f. n.
155,5. curierres sb. s. m. n. 84,22.
curieux a. s. m. n. 115,9.

daigniez imper. 75,24. dame sb. s. f. n.
13,3. 63,11. 189,26 etc.; o. 19,16. 52,9.
61,8. dames pl. n. 203,8. pl. o. 15,25.
199,15. dampnée sb. s. f. n. 5,21.
darraine a. s. f. n. 109,26. darreniers
a. s. m. n. 53,17. 78,18. 188,6. darrien
a. s. m. n. 26,30. dé sb. s. m. o. 12,23.
29,30. 54,24 etc. deable sb. s. m. n.
63,26; o. 164,16. debonneire a. s. f. n.
53,2; 80,19. debonneireté sb. s. f. o.
70,8. decut prt. 113,31; decëue p. p.
s. f. n. 163,22. decoroit 94,8. dedens
3,21. 176,3. deduire 49,24. deffei-re
161,31. -te p. p. s. f. n. 77,19. deffend-re
125,9. -e prs. c. 3. s. 112,2.120,26. deffez

p. p. s. m. n. 23,7. definement sb. o.
190,12. deffoïrent 188,5. detfrené
a. v. s. m. n. 125,22. degotte prs. i. 3. s.
199,3. degetié p. p. 199,30. degoutte
prs. i. 3. s. 195,19. deien sb. s. m. n.
26,29. dela prep. 108,31. delei sb. s. m. o.
103,3. 171,2. deleiance sb. s. f. o. 48,16.
171,18. 208,8. deleier 52,30. 205,9.
delices sb. pl. f. o. 128,16. delicieus a.
pl. m. n. 115,8. delicta 141,11. delit sb.
m. o. 200,22. deliteuse a. f. n. 21,12.
deliurance sb. s. f. o. 145,27; 171,17.
deliure a. s. f. n. 53,2. o. 46,16. a. s. m. n.
146,27. o. 17,18. 148,16. deliures
a. s. m. n. 120,13. 201,23; pl. m. n.
145,15. deliurée p. p. s. f. o. 27,21.
deliureresse sb. f. o. 149,10. demain
adv. 198,15. demaine sb. s. f. o. 74,3.
demand-er 27,4. 156,29; -a 140,8.
163,8; -oit 89,20; -e prs. i. 3. s. 115,29;
-assent impf. c. 159,24; -é p. p. s. m. o.
156,13; demunt prs. c. 3. s. 53,24.
demenais adv. 67,27. 96,22. dement(e)
prs. i. 3. s. 110,8. 70,27. dementiers
conj. 75,5. demeure sb. s. f. o. 103,15.
demi, -e a. n. 66,26; 69,18. demoine
prs. i. 3. s. 74,4. demoine a. s. m. o.
85,24. demontrance sb. s. f. o. 71,23.
90,12. 127,6. demostr-er 107,8. -ée
p. p. s. f. o. 42,18. demorance sb. s. f. o.
44,31. 88,9. 140,28. demorée sb. s. f. o.
175,1. demoure sb. s. f. o. 65,6. demour-er
7,26. 145,18. -e prs. i. 3. s. 193,20.
-a 39,2. 111,31. -ée p. p. s. f. n. 6,1.
16,7. 65,6. deniers sb. pl. m. n. 31,17.
o. 40,18. dens sb. pl. f. o. 3,22. depart-
irent 16,9. -ira 205,6. -ie p. p. 139,10.
depec-ier 21,24. -iée p. p. s. f n. 29,20.
deporta 54,7. deputaire a. s. m. n.
34,24. derision sb. s. f. o. 113,28.
desardoir 169,24. descend-re 86,25.
136,26. -e prs. c. 3. s. 206,7. -u p. pl.
m. n. 86,5. descent prs. i. 3. s. 132,9.
descepline sb. s. f. o. 20,1. 184,19.
deschaenna 148,25. desconfite a. s. f. n.
177,16. desconfiture sb. s. f. o. 129,22.
desconvenue sb. s. f. n. 22,31; 123,24.
descoragié a. v. m. n. 126,16. descouurir
153,12. descouuert p. p. s. m. n. 82,1.
descueure imper. 160,9. descri-re 83,14.
-te p. p. s. f. o. 27,7. descrut 77,25.
desdeigne prs. i 3. s. 196,22. desenflée
a. v. s. f. n. 130,16. deserra 84,12.
desert sb. s. m. o. 71,18. 72,15. deseruent

prs. i. 78,26. deseruie p. p. s. f. o.
128,16. desesperée a s. f. n. 53,1.
desestre sb. s. m. o. 174,15. desgurnie
a. s. f. o. 69,17. deshet prs. i. 3. s. 156,19.
deshennor sb. m. s. o. 205,5. desiointes
a. v. pl. f. n. 84,9. desli-a 111,20. -ast
44,17. 149,16. desmesure sb. s. f. o. 5,7.
13,24. desnoŭt impf. i. 130,8. desore
prép. 38,1. despend-re 31,18. 130,1.
-ra 132,21. -us p. p. s. m. n. 111,26.
despiece prs. i. 3. s. 193,4. despierra
84,11. desplaire 22,26. 48,14. 49,13.
despleseit 168,11. despleust 5,19.
desporvěu a. pl. m. n. 70,7. desprire
181,10. despuer adv. 37,6. desputaison
sb. 134,18. desracine prs. i. 3. s. 185,1.
desrier(r)e(s) adv. 3,23. 170,1. 180,9.
desroi sb. s. m. o. 179,15. dessaiet impf.
168,13. destinée sb. s. f. n. 3,3; 168,18.
destin-er 108,22. 135,14. -é p. p. s. m. o.
137,28. destorne prs. i. 3. s. 131,1.
destorbier 140,24. destre a. s. f. o. 174,3.
destrier sb. s. m. o. 125,16. destreite
a. s. f. n. 50,18; 208,1. destruction
sb. s. f. o. 22,18. desuoi-er 5,3. -e
prs. i. 3. s. 114,18. 131,9. desuoloir
205,18. detaire sb. s. m. o. 73,25. 107,21.
129,6. detienent prs. i. 52,14. de-
trenchier 122,12. 182,8. detresces sb.
pl. f. o. 22,4. deuant adv. 6,22. 67,12.
99,27. 147,8. deux num. 167,22.
deuenir 195,22. deuestir 3,26. deuinail
sb. s. m. n 139,18. deuinaille sb. s. f. n.
176,7. deuin prs. i. 1. s. 118,25. diuin
a. s. m. o. 77,28. deuines a. pl. f. n.
177,25. deuis sb. s. m. o 125,21. deuise
sb. s. f. o. 141,23. 205,14. deuis(e)
prs. i. 1. s. 3,30. 51,20; 184,2. deuise
prs. i. 3. s. 39,12. 128,16. 179,4. de-
uisent prs. i. 106,7. dire inf. 2,19. 63,7.
di prs. i. 1. s. 9,20. 15,20. 45,19. 150,17.
dit prs. i. 3. s. 66,31. 205,11. dion
prs. i. 1. pl. 41,23. dient prs. i. 3. pl.
62,28. delsmes prt. 73,24. distrent
prt. 168,17. die prs. c. 1. s. 67,8. 157,8.
190,21. 3. s. 153,2. 166,3. diez prs.
c. 2. pl. 195,24. di impér. 199,10. dit
p. p. s. m. o. 75,23. 107,9. p. pl. m. n.
107,10. dei prs. i. 1. s. 112,8. 101,24.
doit prs. i. 3. s. 189,28. deunient 158,23.
durent 146,3. deuocion sb. s. f. n.
41,24. 111,17. o. 36,3. 103,27. diemeinne
sb. f. n. 151,2. dignité sb. f. n. 23,10;
o. 67,10. diffame sb. s. f. o. 79,17.

digner 108,23. diligeament adv. 46,25.
dix num. 193,28. doctrine sb. s. f. n.
63,3. doctrine prs. i. 3. s. 128,11. doi(t)
sb. s. m. o. 101,25. 189,27. 190,2. dolente
a. s f. n. 189,5. 183,27. domage sb. s.
m. o. 97,10. 19,26. 144,11. 128,18.
domageus, -e a. n. 19,23. 150,23. do-
magiée a. v. s. f. n. 25,6 4,25. don sb.
2,13. 67,24. 211.21. donn-er 25,11.
43,23. -e prs. i. 3. s. 211,20. -ez impér.
14,27. -erent 76,8. -a 180,27. -assent
71,3. -as 139,5. dormie p. p. s. f. n. 8,4.
doublé p. p. s. m. n. 37,30. doucement
adv. 201,7. douée p. p. 137,8. douloit
143,29. douleur sb. s. f. o. 29,6. 57,23.
160,26. dolorens a. s. m. n 200,5.
dougiée, déliée a. s. f. n. 121,28.
122,28. 175,12. doutance sb. s. f. o.
68,25. 152,30. doute sb. s. m. o. 30,5.
31,28. 78,3. dout-es prs. c. 2. s. 138,28.
-asse 123,27. drapiaus sb. pl. m.o. 60,24.
drecier 187,14. droit a. s. m. n. 91,15.
168,18. adv. 37,17. droite a. s. f. n.
46,7. droite a. s. f. n. 46,7. droit sb'
s. m. o. 37,18. 168,18. droitement adv.
36,16. duel sb. s. m. o. 110,1. dun conj.
81,4. dure a. s. f. n. 24,25. prs. i. 3. s.
155,4. 189,5.

eclard-ir 136,29. -i prt. 3. s. 37,23.
edefiée p. p. s. f. n. 30,26. effacée
p. p. s. f. n. 4,24. effant sb. 108,4.
efflambe prs. i. 3 s. 12,23. effort
sb. s. m. o. 84,26. 170,5. efforz sb. pl.
m. o. 74,9. n. 204,16. esforce prs. i.
3. s. 152,20. 153,8. efforciement adv.
25,30. effraée a. v. s. f. n. 64,31. einsi
adv. 116,30. 117,23 etc. eistre inf.
56,2. ist prs. i. 3. s. 191,26. 199,23.
eissi prt. 12,28. 49,3. 53,24. esseirent
prt. 74,23. eissue p. p. s. f. n. 56,3.
111,9. o. 104,25. eiue sb. s. f. o. 56,18.
el adv. 204,25. elle pron. 8,30. 198,18.
elessa 63,19. elëu a. s. m. o. 118,13.
embellie a. v. s. f. n. 24,4 embracie
p. p. s. m. o. 92,12. embrasement
sb s m. o. 129,29. enbrasées a. pl. f. o.
38,4. emmere a. 79,21. 87,31. empaign̄e
sb. s. f. o. 203,14. empeesche prs. i. 3. s.
162,28. empené a. s. m. n. 125,23.
empereriz sb. s. f n. 192,30. empire
sb. s. m. o. 210,26. enpire prs. i. 3. s.
51,31. 196,21. enplaié p. p. s m o. 87,7.
95,24. enplatre sb. s. m. n. 13,2.

enpl-ie a. v. s. f. n. 41,4. -irent 81,6.
empreïssent impf. c. 97,3. enpris, -e p. p.
74,8. 93,5; 32,12. enprise sb. s. f. o.
188,3. enboez a. v. pl. m. n. 82,23.
encercher 61,5. encais adv. 182,16.
enchargié p. p. 153,24. enchassée
p. p. s. f. n. 179,6. encherroient 70,28.
enclin a. pl. m. n. 173,4. encline prs. i.
3. s. 9,30. 124,4. enclous p. pl. m. n.
39,23; enclouse p. p. s. f. o. 154,5.
encombr-er 140,19. -ée p. p. s. f. n. 155,6.
encontrer 4,30. encruchiée p. p. s. f n.
93,24 eudorm-ie p. p. s. f. n. 151,7.
-irent 8,7. endrapelez p. p. s. m. n.
191,6. endreit sb s. m. o. 147,21.
endur-er 99,31. -e prs. i. 3. s. 155,4.
enfant sb. 37,25. 54,11. 60,28. 195,17.
enfance sb. f. n. 108,13; o. 50,8. 180,28.
enfanta 20,25. 87,24. enfeïssement
sb. m. 208,31. enfermeté sb. f. o. 39,16.
enferne sb. s. m. o. 189,10. enflée
a. v. s. f. n. 190,25. enflëure 164,19.
s'enfoïrent 81,27. enfreint p. p. s. m. o.
163,26. engorgiée p p. s. f. o. 57,17.
111,4. s'enhatirent 47,7. enlumin-a
104,21. -e prs. i. 3. s. 2,4. -oit 23,22.
enmaillotée a. v. s. f. o. 63,18. ennemis
sb. s. m. n. 63,28. ennoier 115,11.
ennuie prs. i. 3. s. 43,19. 82,3. ennui
sb. s. m. o. 205,13. ennor sb. s. m. o.
73,11. 205,24. ennor-ée a. v. s. f. n. 9,16.
15,31. 122,30. -a 39,1 enpeinte sb. s. f. o.
62,2. enpercha 61,6. enpoentie a. v. s. f. n.
100,1. enporterent 186,22. enpointes p.
pl. f. n. 84,10. enpoigniée p. p. s. f. n. 93,27.
enpres adv. 37,9. 150,1. enpresse prs. i.
3. s. 37,2. enpressié p. p. s. m. n. 123,11.
enpullente prs. i. 3. s. 193,14. enquiert
prs. i. 3. s. 155,27. enseignement sb. s.
m. o. 113,12 enseigne sb. s. f. o. 102,26.
enseign-ier 132,31. -e prs. i. 3. s. 133,3.
ensenble adv. 9,1. 50,11. 96,17. ensement
adv. 45,22. 89,7. ensurent prt. 183,16.
entalenté a. s. m. n. 16,15. 45,3. entam-er
123,22. -ée p. p. s. f. n. 122,29. entechié
p p. s. m. n. 152,5. entée p. p. s. f. n.
117,12. entencion sb. s. f. o. 113,29.
118,29. entend-re 49,23. 17,26 etc.
-ent prs. i. 18,27. -e prs. c. 3. s. 58,12.
-u p. p. 15,23; 113,2; 86,6. 115,6. -ue
p. p 100,16. enteri(g)ne a. s. f. n. 6,27.
123,15; 41,21. enterr-er 52.21. -erent
188,26. entor prép. 105,3. 183,10.
entier a. s m. o. 82,28. a. pl. m. n 75,3

entiers pl m. o. 85,31. entiere 36,13.
153,18. s'entorna 121,15. entrée sb.
s. f. o. 28,31. entr-e prs. i. 3. s. 126,10.
-erent 156,1. -ée p. p. 58,21. entre-
mestr-e 8,13. -ai 34,12. entrepris, -e
p. p. 134,22. 151,9. entretenissent
impf. c. 152,18. enuai p. p. s. m. n.
122,21. prt. 164,11. enuelopée p. p.
s. f. n. 175,14. enucrs prép. 34,18.
enuiron 190,29. enuoie prs. i. 3. s. 77,7.
impér. 2. s. 197,3. enuoies prs. i. 2 s.
155,14. 192,22. enuoerent prt. 209,19.
enuoiserie sb. s. f. n. 184,26. erege
sb. pl. m. n. 38,26. erre sb. s. m. o. 84,16.
156,4. errer 52,22. esbah-ie a. v. f. n.
9,5. 99,3. 123,13. -i. a. v. pl. m. n. 106,22.
-ist prt. 99,13. -irent 47,25. 146,24.
esbloi a. pl. m. n. 106,22. esbrasement
sb. s. m. o. 24,14. 175,29. eschaperent
183,12. escharni p. pl. m. n. 69,26.
124,11. eschiue prs. i. 3. s. 6,4. esclardie
p. p. s. f. n. 136,29. escole sb. s. f. o.
131,14. 136,3. escoliers sb. s. m. n.
184,22. escondit p. pl. m. n. 75,22.
escommuniement sb. s. m. o. 168,29.
escout-es prs. i. 2. s. 138,29. -oit 130,4.
escrie prs. i. 3. s. 123,15. 126,22.
escri(p)ture sb. s. f. o. 17,27. 39,8 etc.
escrit sb. s. m. o. 18,3. 20,18. 73,19.
escrire 17,14. 55,16. escrit, -e p. p.
171,29 ; 80,24. 54,16. escrit prt. 18,4.
esgarderent 74,26. 116,22. esio-ie
a. s. f. n. 111,27. -irent 27,3. 72,20.
esforce prs. i. 3. s. 134,29. 153,8. es-
leec-iée a. v. s. f. n. 83,5. -ié a. v. pl. m. n.
76,9. eslurent 76,6. esleu p. p. s. m. o.
21,5. esloign-e prs. i. 3. s. 68,22. -ié
p. pl. m. n. 81,13. esmuiance sb. s. f. o.
145,17. esmuiez a. pl. m. o. 4,12. esmoi
prs. i. 1. s. 65,3; esmoient prs. i. 13,16.
esmoeue prs. c. 3. s. 162,7. esmurent
103,11. 114,5. esmeus a. v. s. m. n.
36,25. esmëue p. p. s. f. o. 207,17. esmeu
p. pl. m. n. 56,30. 75,21. espuce sb. s. m. o.
151,6. 165,22. espaloi a s. m. n. 99,15.
especia-l, -u a. s. f. o. 9,27. 23,3. 184,15.
espées sb. pl. f. o. 182,9. esperdu
a. v. pl. m. n. 81,29. -e a. s. f. n. 57,2.
espert a. s. m. n. 27,29. 72,14. 112,21.
espers o. 62,14. 173,24 ; espiart 35,15.
esperte a. s. f. n. 10,15. esperance
sb. s. f. 145,26. 172,31; 6,25. 41,21.
51,25. espoire prs i. 3. s. 194,12. esperoie
impf. 193,29. esperis sb. pl. m. n. 57,18;

50,21. 111,24. esperitables a. s. m. n.
42,6. esperitu-el a. s. m. o. 110,2. -au
a. s. f. o. 141,5. espice sb. s. f. o. 43,10.
espie sb. s. m. n. 114,26. espira prt. 59,1.
esploit-unt ger. 77,5. -ié p. p. 65,14.
espoentable a. s. f. n. 5,5; s. m. n. 63,25.
o. 164,13. s'espoenta 64,30. espoentie
a. v. s. f. o. 64,24. espris p. p. s. m. o.
12,16; 28,5; esprise p. p. s. f. n. 3,12.
17,24. espuisié p p. 77,30. essaierent
172,25. essauciée p. p. s. f. n. 41,29.
essele sb. s. f. o. 122,16. esseua 58,24.
essoine sb. s. f. o. 66,8. essue sb. s. f. o.
104,25. estable sb. s. o. 5,6 estable
a. s. f. o. 8,6. 46,2. establissement
sb. s. m. o. 26,7. estage sb. s. m. o. 5,28.
19,27. 136,9. estanchier 76,20. estapis
p. p. s. m. n. 87,2. -sant 60,18 estature
sb. f. 64,3. esté sb. m. s. o. 82,25. 129,8.
estendre 101,30. 152,22. estent prs. i.
3. s. 206,26. esteindre 4,19 12,20.
75,28. estaignent prs i. 191,12.
estaindrent prt. 209,29. esteinsistes
7,8 esteinte p. p. s f. n. 24,6. 62,3. 176,31.
est-er 99,24. -ut prt. 127,9. esteser
60,14. estoiée p. p. s. f. o. 35,14.
estoppassent 199,17. estoruie a. s. f. n.
8,5. estoille sb. s. f. n. 175,4. estoire sb.
s. f. n. 125,4. 203,16; 184,9. estoutise
sb. s. f. o. 124,8. estrange prs. i. 3. s. 6,3.
estrang-e a. pl. m. n. 6,2. s. f. n 132,5.
-es a. s. m. m. n. 141,2. pl. m. o. 90,2. estre
99,12. 173,28; es162,9; est 91,13. ert
71,17. 81,31. 98,21. iurt 35,16. yere
181,31; estoit 23,16. estoient 146,10.
erent 20,12. 109,4. 112,14 etc.; fu 204,24.
fut 164,27; furent 103,10. 114,4. 28,2.
68,11. soient 38,20. 197,17; soies 138,15.
155,13; fust 29,18. 76,13; sera 133,26;
seraie 134,8. estraient 146,9. estien
23,16. estreite a. s. f. n. 50,17.
estrena 59,11. estrument sb. s. m. o.
36,17. estuet prs. i. 3. s. 194,25.
155,30; estut prt. 3. s. 127,10. esturent
70,12. s'esuauoi prt. 10,4. 13,20.
eur sb. s. m. o. 123,17. 137,17. eulz
sb. pl. m. o. 89,27. esueille prs c. 3. s.
8,22. eure sb. f. o. 37,31. 166,15. 193,21.
Eure n. pr. 92,22. euangile sb. m.
54,28. euure sb. m. n. 172,29; o. 37,9.
160,10. ' esuesque(s) sb. m. n. 178,27;
o. 48,9. esuechié sb. m. o. 59,15.

fable sb. f. o. 80,17; 17,3. face sb. f. o. 4,23. 110,11. 164,22. façon sb. f. o. 101,16. fade a. pl. m. n. 196,13. faille sb. f. o. 68,19. faill-es prs. c. 2. s. 166,17. -i p. p. 51,2. faintise sb. f. o. 20,28. 107,3. feintise sb. f. o. 20,28. 107,3. 117,28. fame sb. f. n. 52,10. 63,12. 175,2 etc. sb. f. o. 45,25. 150,28. 165,10 etc. fames sb. pl. 199,16. famine sb. f. o. 28,17. 77,17. farine sb. f. o. 77,16. fausseté sb. f. o. 114,21. faute sb. f. o. 210,2. feiblesse sb. f. o. 89,8. 90,27. felonnie sb. f. o. 34,25. 92,13. fe(i)re 34,3. 51,4. 60,13; firent 8,2. 79,11. 80,13. 174,8 etc. fe(i)rent 209,16. feïstes 7,7. fe(i)saient 158,24. 103,5. face prs. c. 3. s. 110,10. 164,2. faces prs. c. 2. s. 166,10. feroie cond. 194,21. fet p. p. 156,18; feite p. p. s. f. o. 53,28. 72,18. 82,16 etc. fez p. pl. m. o. 185,20. fen-ir 3,8 -ie p. p. s. f. o. 127,2. -ist 144,2. ferirent prt. 122,26. fermaus sb. pl. m. n. 139,17. o. 40,13. fermement adv. 110,19. fermerent 28,8. ferré a. s. m. n. 83,27. fes sb. s. m. o. 84,31. feste sb. f. o. 14,23. 98,31 etc.; n. 162,1. festu sb. m. o. 123,8. fiance sb. f. o. 6,24. 44,3. 51,24 etc. Fiacre n. pr. 199,6. figure sb. f. o. 101,15. fil sb. m. 29,10; 192,26. fillace sb. f. o. 151,6. fille sb. f. o. 48,26. fillete sb. f. o. 53,29. 57,14. filler 151,29. filleul sb. m. o. 109,31. fin sb. f. o. 203,24. fin, fine a. 203,23; 128,14. fine prs. i. 3. s. 191,17. fina 62,19. fisiciane sb. f. 197,30; 189,3. fisicien sb. pl. m. n. 189,7. flambe sb f. o. 12,22. flarant a. s. m. o. 78,18. fleiau sb. m. o. 159,1. 179,27. flere prs. i. 3. s. 188,25. fleurestes sb. f. o. 188,15. flott-er 99,25. -oient 60,9. -ant ger. 56,20. fois sb. f. o. 196,29. foi sb. f. o. 102,22; 196,28. Foi n. pr. 102,21. foi prt. 99,14. foïrent 183,4. foisonn-a 77,22. -é p. p. s. m. n. 78,1. folement adv. 186,25. folie sb. f. o. 34,6. 140,14. fondement sb. m. o. 21,23. fole a. s. f. o. 131,13. fond-erent 20,11. -ée p. p. s. f. n. 17,10. 20,10. fons sb. m. o. 56,8. fonteine sb. f. 6,28. 211,7; 61,23. force sb. f. 153,7; 134,28. forcerent 103,23. forment adv. 74,11. forneise sb. f. o. 28,19. forrage sb. m. o. 136,8. fors adv. 50,27. 59,28. 62,1. fort a. s. m. o. 126,12. pl. m. n. 170,4. forz a s. m. n.

74,10; 138,19. forteresce sb. f. 88,11. 102,20. fortreit prs. i. 3. s. 76,17. fortune sb. f. 103,30. foruaié p. pl. m. n. 104,12. fossé sb. s. m. o. 179,24. France n. pr. 141,26. franche a. s. f. n. 211,14. franchise sb. f. o. 70,3. 198,7. freidure sb. f. n. 87,18. francois sb. pl. m. o. 182,15. froissa 167,9. froment sb m. o. 69,12. 74,12. fuiant a. v. s. m. o. 125,26. Fulbert n. pr. 27,28. fumée sb. f. o. 29,1. fust sb. m. o. 29,19. 76,14; 31,6. 110,28.

gaieng sb. m. o. 151,25. gaignage sb. m. o. 168,9. gaaign-assent 71,4. -ier 132,30. garantirent 183,5. garantise sb. f. o. 181,29. garde sb. f. o. 21,24. 29,27. 33,14 etc. gard-e prs. i. 3. s. 21,14. 29,17 (gart 133,22,23). -oient 147,5. -era 133,25. -ez impér. 57,8. -é p. p. pl. m. o. 27,31. s. m. o. 54,23. garison sb. f. o. 46,30. 68,16. garie p. p. s. f. n. 9,8. 47,29. garnie p. p. s. f. n. 69,6. garnison sb. f. o. 68,17. Gatinais n. pr. 67,26. geindre 158,3. gelé a. v. pl. m. n. 152,24. gemissement sb. m. o. 173,5. gemist prs. i. 3. s. 191,15. gemme sb. 11,7. 27,11. 111,13. general a s. f. o. 206,15. genesce sb. f. o. 90,28. gent sb. f. 185,23. 40,14; 102,16. 122,13. 165,3. gent a. s. m. o. 102,15. 122,14. gente a. s. f. n. 192,5. Germein n. pr. 169,5. 173,10. géust impf. c. 3. s. 41,1; géurent prt. 68,10; gist prs. i. 3. s. 14,21; gerra fut. 95,5. gesine sb. f. o. 43,26. geus sb. pl. m. o. 19,22 Gile n. pr. 193,9,21. giron sb. m. o. 190,28. git-ez impér 85,17. -ast 4,7. -é p. p. s. m. n. 126,28. glace sb. f. n. 161,21. gloire sb. f. 19,5. 194,13. 204,7 etc. glorieus, -e 42,7; 32,1; 19,9. 27,19. glorifi-er 28,25. -ons 28,24. gloutement adv. 79,14. glotonie sb. f. o. 79,28. gorgete sb. f. o. 50,15. gorgiée sb. f. o. 111,3. gort sb. m. o. 58,13,20. Gous-seaumes n. pr. 181,27. goute(s) sb. f. o. 29,22; 58,26. 78,4. grace sb. f. o. 11,24. 14,16. 64,29 etc. graci-er 30,12. -a 116,19. gracieuse a. s. f. n. 108,1. graié p. p. 147,16. graindre a. s. m. n. 22,30. f. 68,27. 158,2. granche sb f. o. 136,6. grandeste a. s. f. n. 63,16. grans a. s. f. n. 195,18. pl. f. o. 64,10. gregié a v. pl. m. n. 180,6. greignor a. s. m. o. 76,2.

grellete a. e. f. n. 95,30. greus 37,4.
61,28; grieue prs. i. 3. s. 162,11. grieue
a. f. n. 162,12. grousse a. f. n. 165,29.
guer-ir 15,21. 39,17. -ie p. p. s. f. o.
163,12. guerra fut. 95,6. guerre sb. f.
143,12. 144,28. guerredon,-s sb. m.
2,12. 139,6; 97,5. 211,22. guerredone
prs. i. 3. s. 149,25. Guillaumes n. pr.
84,7. Guillot n. pr. 39,6. guille sb. s. f. n.
36,21. guill-er 151,30. -ée a. v. s. f. n.
151,31. guieres nég. 58,18. 112,19.
118,28. guise sb. f. o. 40,31. 117,9.
202,30.

habitot impf. i. 59,22. haïe sb. f. o.
6,6. 44,10. 157,10. haïne sb. f. o.
124,3. 157,7. hainels a. s. m. n. 33,4.
haï p. p. s. m. n. 122,22. haioient 120,15.
hardement adv. 162,16. Haroul n. pr.
179,18. hatant p. prs. 100,8. hatiuement
adv. 51,14. 118,9. baubert sb. s. m. o.
122,3. haute a. s. f. n. 210,3; hauz
a. s. m. n. 192,25. hautement adv. 51,15.
herbergage sb. s. m. o. 135,20. herberge-
ment sb. s. m. o. 95,4. 136,17. herberg-ier
93,16. -erent 69,13. het-ier 68,12. -ié
a. v. pl. m. n. 29,29. -iée 47,17. hiaume
sb. m. o. 84,28; 181,26. hideus a. s. m. n.
63,24. -es a. pl. f. o. 81,19. hom, hon,
home sb. s. m. n. 195,11. 201,10. 101,27.
ome, omme o. 200,17. 88,29. honn-ie
p. p. s. f. n. 34,5. -ira 34,8. honte sb. f. o.
154,15. hore sb. f. o. 103,14. 193,20.
207,5. hors adv. 50,27. 61,31. 164,24.
horri? 64,5. horrible a. s. m. n. 64,5.
horribleté sb. f. o. 64,10 huche sb. f. o.
175,26. huisserie sb. f. n. 29,13. humaine
a. f. n. 6,29. o. 46,10. 167,13. humilité
sb. f. o. 139,29. hymgnes sb. 41,22.

ladis adv. 1,10. 77,13. ianglierres
sb. m. s. n. 112,28. iangle-eur sb. m. s. n.
33,26; — or o. 112,23. iardin sb. m. o.
167,26. ici adv. 202,24. ier adv. 15,15.
99,7. iglise sb. f. o. 17,23. 22,7. 117,8.
141,22; 208,15. il pron. 199,13. 192,27.
ymages sb. f. pl. o. 209,22. immonde
a. s. m. o. 199,2. impossible a. m. n.
210,9. inquarnacion sb. f. o. 19,12.
iniquité sb. f. o. 206,16. infernal a. m.
s. o. 206,14. iniure sb. f. n. 144,14. ioer
55,25. Johan n. pr. 91,10. Joï n. pr. 195,5.
ioie sb. f. o. 80,9. 10,6. 30,9 etc.; 133,28.
ioieus a. pl. m. o. 27,15. -e a. f. n. 33,17.

ioinchiée p. p. s. f. n. 182,7. iointure
sb. f. o. 96,4. iorra fut. 133,29. ior
sb. m. o. 35,19,27 etc. iornoia 120,22.
iostise sb. f. o. 3,11. irascue a. f. n.
58,5. ire sb. f. o. 157,6. 186,28. isnele-
ment adv. 201,8. ist prs. 191,26. 199,23.
itant adv. 77,4. iustise prs. i. 3. s.
202,31. iusticiere sb. f. o. 120,4. iure
a. s. m. n. 146,28. yures 201,24.

la adv. 115,16. laboroit 168,2. lacié
p. p. s. m. o. 183,25. laïe a. s. f. n. 1,21.
lei sb. pl. m. n. 22,1. 74,5. 103,2. lance
sb. f. o. 123,3. langage sb. m. o. 38,6.
languisse impf. c. 1. s. 192,13. langoreus
a. s. m. n. 200,4. large a. s. f. n. 78,12.
las a. s. m. o. 194,11; lasse f. n. 44,13.
lassés a. v. s. m. n. 136,20. pl. m. n.
68,10. 93,10. Lauardin n. pr. 167,25.
lé sb. m. o. 86,31. leauté sb. f. o. 114,22.
Lebin n. pr. 37,8. lecheor sb. s. m. n.
112,22. o. 114,31. lecon sb. f. o. 133,2.
135,26. ledement adv. 196,17. lée
a. s. f. 86,23; 32,3. leesce sb. f. o. 30,18.
54,6. 76,21 etc. legance sb. f. o. 89,19.
legier a. s. m. o. 78,5. 136,23. legiere-
ment 136,13. leiau,-s a. s. m. 138,8;
158,31. leinne sb. f. o. 150,14,19.
Leire n. pr. 107,22. leisir sb. s. m. o.
156,10. leitre, lestre sb. f. 19,1. 59,16.
26,15. 101,23. lendemain adv. 68,14.
72,26. lenniers a. pl. m. n. 31,24. lermier
118,24; lermoie prs. i. 3. s. 30,16. les
sb. s. m. o. 91,26. les sb. pl. m. o. 91,27.
less-erent 16,10. 95,9. 96,10. -assent
199,18. -ast 49,28. 165,21. leu prs. i.
1. s. 138,22. leu sb. s. m. o. 12,13.
138,23. leus sb. pl. m. o. 42,8. 71,13.
leu-a 8,24. 37,3. -erent 69,7. 95,10.
153,21. -assent 8,18. -ez impér. 187,23.
lie sb. s. f. o. 76,27. liée a. s. f. n. 47,18.
55,4. lien sb. s. m. o. 174,10. lignage
sb. s. m. o. 5,27. 107,28. lignée sb. s. f. o.
211,15. lignete sb. s. f. o. 95,29. lin
sb. s. m. o. 35,8. linceul sb. s. m. n. 65,19.
lions sb. pl. m. o. 38,23. lison,-s prs. i.
9,23. 59,26. 148,29; 21,30. lšust impf. c.
135,27. lit sb. s. m. o. 200,15,23. liure
sb. s. m. o. 17,17. 46,15. 77,21. liures
sb. s. m. n. 18,17. 120,14. liures sb.
pl. f. o. 18,18. 145,14. lo-a 160,27.
114,12. -erent 47,27. lointain a. s. m. n.
42,24. loingtiens a. s. m. n. 74,1. Loï
n. pr. 179,13. 211,11. longuemen

neueu sb. m. o. 110,24. nez p. p.s.m.n.
191,29. a. pl. m. o. 195,13. nice a. f. o.
34,14.49,9. noble a. f. o. 27,4. — s.m.o.
180,26. nobile u. f. n. 54,27. nobeleté
sb. f. o. 67,11. noblement adv. 42,14.
noblais sb. m. o. 142,10. noël sb. m. o.
204,14. noez p. p. s. m. n. 202,7. nom
sb. m. o. 35,10. 39,4. 21,10 etc. nomme
prs. i. 3. s. 24,11. non part. 35,9. 200,6.
nonchaloir sb. m. o. 197,25. noncier
109,27. norreture sb. f. o. 91,2. 92,8.
norri sb. m. o. 197,8. norrice sb. f. o.
49,19. nostres pron. m. n. s. 38,11.
nouele sb. f. o. 85,8; 194,4. a. f. o.
8,31. nouelleté sb. f.o. 42,25. nouellestes
a. pl. f.o. 188,16. nues a. pl.f. n. 3,25.
nuisement sb. m. o. 153,10. nus pron.
s. m. n. 29,9. 71,16.

obedience sb. f. o. 141,21. obeir-ent
209,15. -eit 140,2; obeist prs. 34,20.
oblacion sb.f. o. 83,11. 135,4. oubliance
sb. f. o. 40,22. 73,17. 140,27. oubli-a
88,19. -ée p. p.s.f.o. 7,4. ocurcir 81,17.
odorable a. s. m. o. 78,15. oeseuse
a. f. n. 55,10; 150,24. oeure sb. f. o.
25,12. 54,30. 140,11. office sb. m. o.
43,9. offrende sb. f. o. 112,3. 120,25.
off-raie 134,9. -rirent 72,29. -ert p. p.
62,15. ointe p. p. s. f.o. 132,18. Oliens
n. pr. 74,2. oir 128,24; oïrent 36,19;
oez impér. 2,11. ole prs. c. 3. s. 48,12.
orras16,2. on pron. 191,27.193,25. omni-
potent a.s.m. o. 206,27. onde sb. f. n.
108,18. ontreement adv. 139,31. or
sb. m. 23,25; 18,15. 135,7. oraison
sb f. o. 14,1. 24,29. 171,22. ordené
p. p. s. m. n. 67,14. ordure sb. f. o.
117,20. 140,31. orendroit adv. 91,14.
168,19. oreille sb. f. o. 8,23. orer 143,5.
orible a. f. n. 210,8. orine sb. f. o.
197,31. orine prs. i. 3.s. 198,1. orphelin
sb. m. n. 35,7. o(s)cure a. f. n. 18,30.
104,3. os-e prs. i. 3.s. 196,1. -ei 156,20.
ose a. f. n. 167,4. ost-e prs. i. 3. s. 76,12.
-é p. p. 76,12. ostel sb. m. o. 51,22.
64,1. 135,30. osteler 94,23. otraieron
75,10. outrage sb. m.o. 169,3. ouraigne
sb. f. o. 19,3. 73,22. 85,26. 107,7 etc.
ouur-a 54,31. 83,1. -oit 209,5. -ast
58,4. oeure prs. i. 3. s. 25,13. 54,29.
140,12. ouuriers sb. pl. m. o. 31,16.
40,19. ouuesques prép. 178,28. ouuers

p. pl. m. n. 173,23. ouureoer sb. m. o.
55,24.

païs sb. m. o. 121,18. 112,17. 179,12.
paien sb. pl. m. n. 180,3. paysant sb.
m. o. 167,24. paradis sb. m. o. 1,9.
193,27. parage sb. m. o. 107,27. pareille
a. f. o. 78,30. 176,7. par-feire 37,22.
-firent 72,28. parfondesce sb.f. o. 83,25.
98,11. parfonde a.f. n.108,19. parfon-s,-t
a. s. m. n. 56,7. 98,9. Paris n. pr. 83,16.
Paris n. pr. 83,17. parl-er 39,13. 85,4.
114,1. -erent 155,31. -ast 35,30. -a
33,9.46,17. paroissiaux n. pl. m. n.41,11.
paroissiens sb. pl. m. o. 41,13. 96,28.
168,30. paroissage sb. m. o. 168,8.
parole sb. f. o. 113,4 136,2. part sb. f.
131,28; 13,8.34,15. 203,28; 40,4. partie
sb.f.o. 106,5. 136,28; 41,3. 69,5. part-ir
173,30. -iret 92,4. paruis sb. m. o.
193,16. pas sb. m. o. 101,28; 52,24.
pas part. 27,30. 52,23. 101,29 etc.
passans sb. pl. m. o. 211,2. pass-erent
183,13. -aient 168,14. -é p. p.s.m. n.
43,27. -ez p. pl. m. n. 31,14. -e prs. i.
3. s. 20,1. 28,1. 116,12. paumaison
sb. f. o. 13,21. paumes sb. f. o. 170,15.
pauement sb. m. o. 202,21. pechié
sb. m.o. 152,4. 185,19. 190,6. pecheresse
sb. f.o. 159,29. 161,7. pechieurs sb.pl.m.
101,2. 121,10; 15,17. 206,11. peeur
a. s. m. n. 33,27. pein sb. m. o. 35,6.
peine sb. f. o. 89,14. 150,13. 189,18.
pelain sb. m.o. 204,23. pelerins sb. pl.
m. o. 40,26. pelerinage sb. m. o. 75,12.
120,18. 175,22. pend-re 139,4. -irent
110,31. penner 69,14; paine prs. i. 3 s.
189,17. penitance sb. f.o. 24,3. 160,18.
pensé sb. m. o. 134,25 ; 133,18. pensée
sb. t. o. 116,7. pens-er 115,30. 198,28.
-erent 186,23. -é p. p. 134,24. pensiue
a. s. f. n. 156,8. Perceual n. pr. 80,27.
percié p. p.s.m.o. 76,10. -ée p. p. s. f.o.
122,27. perd-irent 106,25. 148,30. -u
p. p. s. m. o. 81,30. -ue p. p. f. 131,25;
35,1. 24,28. pert prs.i. 3.s. 87,8. 205,22.
pere sb. m. 17,22; 33,22. 172,18. peril
sb. s. m. n. 29,11. perilleus a. s. m. o.
85,13. perillier 126,18; perille prs. c.
3. s. 99,21. per-ie p. p.s.f. n. 99,19. -is
p.p.s.m. n. 50,22.57,19.111,23. Peronne
n. pr. 211,19. perrieres sb.pl.f.o.180,9.
perseuerance sb. f. o. 198,3. persone

rachemina 104,21. raclama 9,9. ra-
conta 64,29. raemplie p.p s.f.n. 106,6.
147,11. raine sb.f.o. 1,5. 9,29. 116,3
etc. raison sb. f.o. 134,19. n. 26,23.
resons sb.s.f.n. 23,30. randon sb.m.o.
76,4. rapareill-er 130,2. -iée p.p. s.f.n.
30,25. rauoir 148,7. 22,24. receuoir
72,6. recut 113,30. recĕust 90,14.
receuraie 135,31. rechief sb.m.o. 80,5.
receita 182,30. reclam-ant gér. 53,25.
-er 89,31. 128,23. recouur-a 55,1.
33,2. 106,23. 36,31. -ast 58,3. 153,16.
-er 25,19. 150,25. reconforte prs. i.
3. s. 1,7. 16,24. reconte prs. i. 106,11.
recreire 55,6. redefier 25,14. redempcion
sb.f.o. 19,13. redoute prs.i.3.s. 151,15.
redreca 90,26. rée sb. f. n. 199,22.
refiert prs. i. 3.s. 202,19. refeite p.p.
s.f.n. 24,22. refroidie p.p.s f.n. 95,19.
refus-er 153,29. -oient 75,19. regard-a
33,12. 58,27. 86,19. -ast 49,27. -ant
gér. 155,11. -ez prs. i. 57,8. -erent
78,13. -é p. p. s. m. n. 7,11. region
sb. f. o. 23,14. 41,9. regne prs.i. 3. s.
42,1. reigne sb.m.o. 42,2. relegieuse
a.f.n. 107,29. relequié p.p.s.m.o. 7,17.
reluisoit 9,3. rembors-e prs. i. 3. s.
134,5. -é p.p.s.m.o. 134,10. remeind-re
145,21. -rent 209,30. remeint prs i.
3. s. 3,16. 46,13. remeinsist 146,31.
remenbrable a. s. f. n. 91,31. remen-
brables a. s. m. n. 8,6. remenbrance
sb. f. o. 44,2. 48,15. remenbrement
sb.m. o. 126,20. remenbre prs.i. 3.s.
57,11. 134,7. remena 59,10. remirer
171,10. remistrent 76,31. remu-e prs. i.
131,26. -ez impér. 74,31. rend-re 66,18.
97,21. 177,31. -es prs. c. 2. s. 166,12.
-e prs.c. 3.s. 58,12. -irent 80,14. -ue
p.p.s.f.n. 113,14. -us p.p.s.m.n. 111,25.
renom sb.m.o. 24,9. 39,3. renommee
sb. f. o. 179,7. n. 39,31. renouuelées
p. pl. f. o. 38,5. rente sb.f.o. 25,22.
rentherignée p.p. s. f. n. 38,14. repas
prs.i. 1. s. 197,1. repentant p. prs.(?)
160,13. repĕust 41,2. repĕu a. v. pl. m. n.
72,1. reprendre 75,6. 153,31. reprend
prs. i. 3. s. 12,19. repris p. pl. m. n.
75,13. repeire sb. m. o. 6,11. 183,23.
reper-a 109,6. -aient 58,31. reponneit
185,11. reproche prs. i. 3. s. 22,11.
requerra 15,22; requise p. p.f.o.15,16.
resemble prs.i.3. s. 9,2. 50,12. 96,16.
resio-Ie p.p.s.f.n. 62,18. -Ï prt. 3. s.

190,14. resortirent 123,5. resplendi
prt. 3. s. 106,20. respond-i prt. 3. s.
9,19. 15,19. -u p. p. 15,24. requerre
9,26. 120,19. requist prt. 3 s. 199,24.
resuscit-a 62,11. -é 30,8. resueill-é
p. pl. m. n. 30,8. -e prs. i. 3. s. 88,25.
retendm 132,20; retenu p. p. s. m. n.
127,23. retor sb.m.o. 80,16. retorn-a
47,31. -erent 159,3. retraire 42,4;
retreit prs. i. 3. s. 66,29. p. p. 87,13.;
retreite p. p. s. f. o. 72,19. 179,7;
retraie prs.c. 1. s. 189,2. 3. s. 189,1.
reuela 1,15. 45,7. reuerance sb. f. o.
141,20. 142,26. reuiendra 208,5. reuercha
177,13. richesse sb. f. o. 76,22; 22,3.
rinoier 17,1. rire 181,11. riuiere
sb.f.o. 60,4. roi sb.m.o. 44,7. 179,14.
roial a. s. m. o. 9,28. f. n. 23,2. f. o.
142,26. reiau a.s.f.o. 184,16. Romacle
n. pr. 193,8. Romme n. pr. 24,12.
romanz sb. s. m. o. 11,16. Roul n. pr.
179,17. rouse sb. f. o. 78,19. 198,31.
routes sb. f. o. 29,23. routure sb. f. o.
89,3. 90,23. rue sb. f. o. 56,4. ruine
sb. f. o. 89,14. ruisseau sb. m. o. 62,4.

sacha 125,12. sacons sb. pl.m.o. 25,16.
sacrée a. f. n. 194,25. sade a. s. f. o.
79,22. 200,26. sades a. f. pl. 198,10;
199,11. saellé a. v.pl. m. n. 152,25. sage
a.s.m.n. 11,20. 108,16. a. s.f.o. 189,19.
a. pl. m. n. 70,15. 97,11. saetes sb.
pl. f. o. 181,12. saill-ant a. s. m. o.
100,18. -irent 51,17. 183,15. saiet
impf. 168,12. sain sb. m. o. 194,16.
201,2. sein a.s.m.n. 16,12. 44,28. o.
194,17. 201,1. saint sb. m. o. 168,20.
saintuaire sb. m. n. 21,1. 23,28. o.
22,25. 123,29. Salerne n. pr. 189,9.
salu sb.f. 158,19; 105,13. salu-a 155,25.
-er 36,11. sancté sb. f. o. 16,14. 45,2.
113,27. sanée p. p. s. f. n. 9,15; seint
prs. i. 3. s. 168,21. santine sb. f. o.
185,2. saoul-ez p. p. s. m. n. 118,16.
-ées p. pl.f.o. 182,10. sarmoner 25,10.
130,22. sarqueu sb. m.o. 187,3. sarradine
a. s. f. o. 179,21. sauuages a. pl. f. o.
38,7. sauueor sb. m. o. 101,3. 121,9.
sauoir sb. m.o. 70,6. sauoir inf. 9,21.
18,20. 70,7 etc.; sei prs.i. 1.s. 156,21.
sauras 194,19. sot prt. 141,19. sĕu
p.p. 142,16. sĕus. p p.s. m. n. 36,24.
154,23. sauoré a.s. m.n. 76,25 séchiez
a. pl.m.o. 206,3. secorre 51,1. secorant

51,1. secorant p. prs. 197,16. secor-ent prs. c. 3. s. 13,12. -ez impér. 85,14. -ue p. p. s. f. n. 159,11. secors sb. m. 169,30. 172,24. segraie a. s. f. o. 140,29. seign-a 161,11. -erent 16,11. seignor sb. m. n. 76,1. seignorie sb. f. o. 39,18. 132,2. seignorir 39,18. seiaus sb. pl. m. o. 138,9. sein sb. m. o. 170,11. Seine n. pr. 166,4. seintefi-a 107,5. -ié p. p. s. m. o. 79,16. sentisme a. s. f. n. 52,7. seintismes pl. m. o. 42,20. 48,21. seiorna 47,30; seiorroit 61,17. 153,20. seis-irent 101,7. -ie p. p. s. f. o. 57,28. seite sb. f. n. 191,22. semadi sb. m. o. 45,18. 150,18. semblable a. s. m. n. 124,25. semblance sb. f. o. 73,18. semont prs. i. 113,25. -semons p. pl. m. o. 24,9. sens sb. s. m. n. 211,18. pl. m. o. 164,17. sen sb. s. m. o. 19,10. sené a. pl. m. n. 81,9. s. m. n. 119,20. senestre a. f. o. 99,11. 173,27. sentier sb. m. o. 82,29. senti prt. 169,13. sent prs. i. 1. s. 156,31. sent prs. i. 3. s. 153,9. seoir 118,17. sist prt. 47,1. sentisme, -s a. f. o. 52,8; 142,2. septenbre sb. m. o. 211,3. sergent sb. m. o. 108,5. sepulture sb. f. o. 52,25. 186,27. serie a. s. f. n. 151,28. sermons sb. pl. m. o. 24,20. sermonn-e prs. i. 3. s. 132,27. -oit 129,20. serré a. s. m. o. 123,19. seru-ir 80,3. -ie p. p. 88,13; 187,5. sert prs. i. 3. s. 67,9. 206,23. seruise sb. m. o. 5,29. 7,11. 70,2. sesons sb. s. m. n. 24,30. seullement 95,3. sëur a. s. m. n. 123,16. 137,19; sëure f. n. 99,28. seure prép. 122,20. siege sb. m. o. 38,27. signes sb. pl. m. o. 114,3. sire sb. m. n. 48,24. soffire 7,29. 43,17. soixante 207,23. sollempnité sb. f. o. 26,9. soloient 11,3. somme sb. f. n. 200,16. 101,26. somme sb. m. o. 207,3. someill-ier 159,6. -e prs. i. 3. s. 196,27. sondement adv. 70,4. sonerie sb. f. n. 203,10. songe sb. m. o. 138,31. 148,20. songié p. p. s. m. 146,29. Sors n. pr. 167,19. 172,6. sourt prs. i. 3. s. 204,21. sordes a. pl. f. o. 113,10. sore a. s. m. n. 167,19. souche sb. f. o. 188,14. 210,18. Soudei n. pr. 112,9. soudement adv. 129,30. 175,28. souffrir 130,29. soulacier 49,28. sol-oit 108,25. -oient 11,3. sostient 200,24; soutenu 87,16; 30,1. soupecon sb. m. o. 133,1. 135,25. soupira 171,9. soupliet impf. 14,19. soustenance

sb. f. o. 89,18. subiection sb. f. o. 96,18. souuent adv. 138,11. 171,11. souuereine a. f. 57,7; 120,11. suens pr. pl. m. o. 211,17. suez prs. i. 2. pl. 75,1. soffire 7,29. 71,26. supplication sb. f. o. 45,26. seurmonte prs i. 3. s. 31,21. seuronde prs. i. 3. s. 199,28. sur-prent 12,24. -pris p. pl. m. n. 28,6. -pris p. p. s. m. n. 12,17. 125,6. sus adv. 197,20.

taches sb. pl. f. n. 65,21. tant adv. 56,19. tantes a. pl. f. o. 189,23. tapirent prt. 81,28. tapis sb. m. o. 87,3. tard-er 49,6. 175,21. -oit 144,9. -a 58,28. -ast 49,26. targié a. v. pl. m. n. 103,20. taster 189,15. techier 129,26. teire 32,27. 73,27. teise prs. c. 1. s. 92,20. tëu p. p. s. m. n. 30,15. 33,30. 83,21. tëue p. p. s. f. n. 56,13. teinte sb. f. o. 210,5. teissiere sb. f. o. 55,21. teistre 56,1. tel a. s. m. o. 70,31. 51,22. texa. s. m. n. 26,18. tempoire sb. s. m. o. 203,15. temptacions sb. pl. f. o. 188,21. tendre a. f. 65,25; 8,29. 115,13. tendre inf. 36,9. 47,20; tent prs. i. 3. s 205,26. tende prs. c. 3. s. 132,14. ten-ir 93,7. -us p. pl. m. o. 29,8. -u p. p. s. m. o. 93,7. 108,6. -u, -uz p. p. s. m. n. 114,30; 147,4. -oit 23,23. tient prs. i. 200,24. tenpeste sb. f. o. 14,22. tens sb. m. o. 164,18. tenser 70,25. 115,31. termine sb. m. o. 91,20. tentes sb. pl. f. o. 183,26. terre sb. f. o. 49,16. 53,19 etc. terrée a. s. f. n. 199,21. terrienne a. s. f. o. 141,6. terr[e]oër sb. m. o. 23,13. tesmoign-ie prs. i. 3. s. 106,5. -a 166,27. teste sb. f. o. 98,23. 164,10. toille sb. f. o. 175,5. tournaier 126,7. tumbée p. p. s. f. n. 98,16. ton sb. m. o. 105,10. 107,1. 193,26. tollirent 145,6. tonné p. p. 106,27. tonnerre sb. m. n. 84,15. tor sb. f. o. 105,2. tor sb. m. o. 8,17. 183,11. torment sb. m. o. 29,5. tormente prs. i. 159,4. tornaiement sb. m. o. 125,3. tornai-er 126,7. -é p. p. 127,22. torna 127,14. touaille sb. f. o. 176,8. 178,5. touchier 82,19. 121,2. -a 65,31. -e prs. i. 3. s. 3,19. 50,6. 114,10 etc. toust adv. 165,27. touste a. s. f. n. 131,24. toute a. s. f. n. 26,25. 28,4. 31,29. trace sb. f. n. 4,22. tranaill-ier 70,19. -ié a. v. s. m. n. 71,9. -iez p. pl. m. o. 74,27. -ent 180,15. trespas sb. m. o. 122,10. 197,2. trespasser 124,27; trespas prs. c.

l. s. 27,31. treire 34,23. 132,11. treiron 74,30. 75,11. treite p.p. 57,15. 100,10. 100,20. tret p. pl. m. n. 60,22. treit sb. m. o. 76,18. 203,3. trei-ta 11,8. -ier 120,5. trench-iez a. pl. m o. 89,4. -iée p. p. s. f. n. 35,13 tresor sb. m. 135,8; 23,24. trespensez a. v. s. m. n. 133,17. trespercier 122,1. tretoute a. f. n. 58,25. trible prs. i. 3. s. 64,6. trinité sb. f. o. 207,29. tristesce sb. f. o. 30,17. 54,5. tristes a. s. m. n. 172,15. tropeaux sb. pl. o. 41,12. trouuer 73,5. 65,29; troene prs. i. 306,30. truis, trueue, troisse prs. i. 1. s. 7,19; 77,15; 65,9. tuoit 191,8. tuit prs. pl. m. n. 182,1. umili-a 119,1. 195,16; -e prs. i. 3. s. 124,5. un num. 156,24. 69,4. unité sb. f. o. 207,28. usage sb. m. o. 150,6. 204,12.

vaage sb. m. o. 74,15. 110,21. 144,12. 175,23. vagier 135,15. vain a. s. m. o. 197,10; vaine 131,7. val-oir 197,26. -u p. p. 158,19. vaillant a. s. m. n. 125,19. vant-e prs. i. 3. s. 107,15. -on 107,2. vegille sb. f. o. 97,26. veille sb. f. o. 97,23. veillesce sb. f. o. 89,9. veill-ier 155,8. -a 94,12. veincue p. p. s. f. o. 163,2. veine sb. f. o. 50,24. veirre sb. m. 54,22; 49,17. 53,18. venchance sb. f. 152,31; 24,23. 181,15. venchier 122,11. 182,26. vendeurs sb. pl. m. o. 71,7. vend-re 72,5. 151,7. -ra 132,17. -u p. pl. m. n. 115,7. venist 31,30; venistes prt. 172,15. vint 195,7. ven-eit 147,20. -oient 31,6. -ant 155,12. -uz,-u p. pl. m. n. 114,29, 20,2. 93,8. -us p. p. s. m. n. 71,15. -ue p. p. s. f. 207,18; 64,30. vendra. 132,16. viegne prs. c. 189,12. 198,11. ventes sb. f. o. 40,17. 70,27. ventance sb. f. o. 186,2. ventrée sb. f. o. 58,22. 111,7. venue sb. f. o. 159,10. vergoinne 153,28. verité sb. f. o. 83,19. 91,4. veritable, -s a. m. o 80,12; 207,10. ve-air 118,18. -aient 28,24. veient 13,5. 82,7. veie prs. c. 48,11. 56,16 etc. vit 200,14. 67,1. 205,11; virent 27,2. 47,6. 101,6. veist impf. c. 99,12. veu,-z p. p. s. m. o. 182,2; 24,15. 75,26. veue

p. p. f. 34,31; 45,9. 86,18. verai a. s. m. o. 44,6. 127,26. veraie a. f. o. 102,14. 142,20. 167,12. vermaus a. pl. m. o. 40,11. verriere sb. f. o. 19,31. 106,18. verteuelle sb. f. o. 29,24. vertu sb. f. o. 121,24. vessellemente sb. f. o. 25,23. vesteure sb. f. o. 137,5. vessiau sb. m. n. 115,5. vestement sb. m. o. 93,19. 176,2. vestus p. pl. m. o. 123,9. vestu p. p. s. m. o. 121,24. vestue p. p. s. f. o. 121,7. 123,25. veu sb. m. n. 110,25. 175,25. veue sb. f. o. 111,10. 113,5; 119,26. veulz a. s. s. m. n. 89,26. viaire sb. m. o. 5,9. viande sb. f. o. 69,1. 115,28. vicaire sb. m. n. 154,29. vice,-s sb. m. o. 134,21; 128,6. vie sb. f. o. 19,18. 26,4 etc. vigne sb. f. o. 79,4. vilage sb. m. o. 11,21. 135,19. vilein sb. m. o. 169,2,27. vilein a. s. m. o. 202,1. vilenez prs. i. 191,30. ville sb. f. o. 36,20. 97,27. vin sb. m. o. 108,26. vint num. 195,8. virgieine sb. f. n. 95,25. virginité sb. f. o. 149,6. viue a. f. n. 4,9; vis a. m. n. 109,21. vis sb. m. o. 6,14. 109,22. visage sb. m. o. 135,24. vision sb. f. o. 6,18. 139,25. visit-er 188,25. -a 62,10. -ast 4,6. -é p. pl. m. o. 30,7. vistement adv. 93,20. vitaille sb. f. o. 68,10. vitoire sb. f. o. 19,4. 94,30. viure 53,20. 77,27; viurion 23,15. 23,17. viuant 99,26. vesque prs. c. 48,10; vesqui prt. 3. s. 149,20. voa 61,21. 160,28. voida 62,6. voie sb. f. o. 80,10. 131,10; 133,27. 192,29; 162,16. voier 5,4. 104,9. 115,10. voire a. f. 18,5. 85,2. 96,24; 97,13. 159,21. 208,11. voire sb. f. n. 157,19. voir sb. s. m. o. 35,26. 46,19. 109,30. a.- s. m. o. 9,22. 10,16. 80,21. voirre sb. m. 54,22; 53,18. voisines sb. pl. f. o. 177,24. volenté sb. f. 130,14; 182,5. volentiers adv. 26,1. 31,4. 85,30. vol-er 125,30. -e prs. i. 201,3. vomist impf. c. 116,31. voust prt. 161,17; vossit 46,31. volsissoient 35,24. veu prs. i. 1. s. 65,5. 110,25. vuie a. f. o. 131,21 vueue sb. f. o. 77,14. 206,31.

yere s. estre. ytans adv. 64,10.

58

Berichtigungen:

S. 7 *eiue.* füge zu 56,17.   S. 8 *ant.* -**antem** Z. 2 v. u. lies 7,10 statt 7,20.
— ib. *ante.* l. *soixante* st. *soiseante.* — S. 9 *au.* l. 158,31 st. 159,31. — ib. *aus.* Z. 4
l. 138,8 st. 136,6. — ib. *e.* Z. 5 l. 26,13 st. 26,14. — ib. *e.* Z. 9 l. 42,26 st.
42,16. — ib. *e.* Z. 10 l. 87,1 st. 87. — ib. *e.* Z. 14 l. 126,28 st. 126,18. —
ib. *e.* Z. 15 l. 129,24 st. 129,4. — S. 10 füge ein: *eles.* -**illas** pron. + ab.:
celes (st. *teles*): *ceneles* 196,10. — ib. *endre.* Z. 1 l. -**endere** inf. + -*enera, -eneram,*
-*enerem*; + -*mor* n. f. o. 86,25. — ib. *endre.* Z. 3, 4 l. -**enera** a. + -*endere*:
tendre: prendre 65,25. — S. 11 Z. 1 l. 102,15 st. 102,25. — ib. Z. 8 l. 102,16
st. 102,26. — ib. Z. 19 l. 138,11 st. 138,17. — ib. -*erent.* Z. 1 l. 112,14 st.
102,25. — ib. füge ein: *erne. Salerne: enferne* 189,9. — ib. füge ein: *ers.*
1) -**ersus** + -**ersum**: *pervers*; *envers* 34,17.   2) -**erti** + ∞: *ouuers: espers* 173,23.
— S. 12. Sp. 1 Z. 11. Durch Versehen war hiernach ein Blatt Ms. ausge-
fallen, dessen Inhalt hier folgt:

esme.

-**esimum** + -**essima** *a.*: bapteeme: pesme
108,10.

esque.

-***iscuit** + -iscopum: vesque: euesque
48,10.

esques.

-iscopus + -oc...: euesques: ouesques
178,27.

esse, esce, eice.

-**axat** *prs.* + -**essa,** -essat: lesse: confesse
160,12 cesse 12,26.
-**ectiat** + -Itiam: adreice 98,12.
-**essam** *sb.* + -essat, -issam, -itiam: presse.
-**essat** + -axat, -issam, -essam, -itiam
12,27; 159,15. — 37,2; 91,23.
est eccehoc + -itiam: (que)es ce 162,9.
-issam + -essam, -essat: messe 170,30;
159,14.
-itiam + ectiat, -essam, est eccehoc
98,11. — 91,22. — 162,10. + ∞ 30,17.
54,5 etc.

esces.

-itias + ∞ 22,3.

est.

-**aestum** + -**estum**: prest: Prest 55,18.

este (ete, ette).

-**aesitam** + estiam: queste 129,27.
-**aesta** + -estam, -estiam: preste 99,1.
56,23.
-**esta** *a.* + estam: manifeste 98,24.
-**estam** *sb.* + -aesta, -esta, -estiam: feste
98,31. teste 98,23. — 127,8.
-**estiam** + -aesitam, -aesta, -estam:
moleste 129,28. — 56,24. beste 127,7.

estre.

1) -**ascere** + -***estrem** *a.*: nestre: celestre
48,2. + -*estris, -estris 82,17. 100,31.
-**esbyter** + -*estris: prestres 165,4.
-***estris** *a. m.* + -ascere, -esbyter:
celestre 82,16. 165,15. — *a. f.* + ascere
101,1.
-**istram** + **essere**: senestre: estre 99,11.
173,27.
2) -**itteram** + -**ittere**: leatre: mestre 19,1.
26,15. *vgl.* eitre.

et.

-**itto** + ∞ met 7,21.
-**est** *prs.* + -**ebat**: est: mandiest 91,12.

ete, ette (eite, este).

-**acta** + -**etam**: deffeite: prophete 77,19.
— + -**ittam**: treite: fillete 57,14.
*ectat + -ittut: degette 199,31.

59

-estat + -ittat : amonete 128,12. 132,14.
-itida + -ittam : nette 51,18.
-itta + ∞ : grandeste : petiteste 63,16.
-ittam + -itida, -itta : pucellete 51,17; 58,29.
-ittat + -ectat, -estat : mette.

e(s)tes.

-istas + -ittas : arbalestes : saette, 181,13.

eu.

-audo prs. + -ŏcum : leu 138,22.
-ŏcum sb. + -audo, -ŏcus, -*ŏgum, -ōtum : leu + ∞ : 12,12.
_-*ōgum sb. + -ŏcum : sarqueu 187,3.
-ōtem sb. + -ōtum : neueu 110,24.
-ōtum + -ŏcum, -ōtem : veu 110,25. 175,25.

eul.

-*ólus + -*ólum : linceul : berceul 65,18.
-*olum + -*öl(i)um : filleul : duel 110,1.

eulz.

-ĕtulus + ŏculos : veulz : eulz 89,26.

eur, or, ur.

-ōrem sb. n. + -ōrem a. n. : iangleeur : peeur 33,26. + -ōrem a. o. : seignor : greignor 76,1; — sb. m o. + -ōres,

-orum, -urnum; ~ sb. f. o. + ōrum : douleur 160,26.
-urnum+-ōrem : retour 80,16; vgl. or 2)·
-ōres sb. n. + ōrem : peoheor 101,2; 121,10.
-ōrum sb.f. + -ōrem : chandeleur160,25;
sb. m. + ōrem : ancionnor 73,12.

eure (ore, oure).

-ōra impr. + ōram : aeure 166,14.
-*ōram sb. + ōrat : demoure 65,6.
-orat+-oram, -*oram : nore 207,7; 65,7.
-*orat + -oram : demore : hore 193,20.
-upra adv. + oram : desore : eure 38,1.
— + *ŭrat : seure : queure 122.19.

eurs (urs, ours).

-*oris + -*ōrsum : Meilleurs : ailleurs 26,11.
-ōres + ∞ 206,10.

eus.

-ŏcos +-ōsum, -osus : leus 71,13. 42,8. geus 19,22.
-*ōrsum + ōsum : ailleus 106,9.
-ōsi + -ōsum, -ōsus.
-ōsos + -ōsum 27,15.
-ōsum + -ŏcos, -*ōrsum, -ōsi, -osos 71,14. — 106,10. — 85,13. — 27,14·
-ōsus + -ŏcos, -ōsi : 19,23. 42,7. — 115,9.

— ib. es Z. 6 l. les st. ales. — ib. i. -*iem Z. 2. 1. 150,18. — 37,24. 160,21. — ib. i. -*itum l. 195,5 st. 155,5. — ib. i. -ivit Z. 2 l. 53,14 etc. essi 49,3 . . . . eclardi 37,23 etc. + ∞ : 10,4,27. 36,8. 106,19 etc. — ib. ice Z. 1 l. 49,9 st. 49,4. — S. 13 ice Z. 2 l. 49,8 st. 44,8. — ib. ie. -ia Z. 2 f. l. Marie 165,16. 183,30. 191,25. espie 114,25. — ib. ie. -icam Z. 2 tilge 76,27·-Z. 5 l. 157,9. — ib. ie. füge ein: -*ita sb. + -itat : aie 126,23. — ib. ie. -*itam Z. 2 f. l. +-iam, -*iat, -ita, -icam : aie 165,17. 183,31 ; partie 106,5; aie 4,3; haie 157,10. — ib. ie. füge an: -? +-*itam sb. : lie 76,27. — S. 14 füge ein: -iegne. -eniat + ∞ : 189,11. 198,12. — ib. ier. Z. 1 f. l.: atochier 199,26; touchier 82,10. 121,2. — ib. ier. -i]are Z. 2 füge an: 155,7 approchier 199,25. drecier 187,14. — ib. ier. -arium Z. 4 l. 78,5. — ib. ier. c]arum füge an: 121,3. 136,19. 163,30—76,19. — ib.füge ein: -ĕgrum +-arium : entier 82,28. — S. 15 ile. -illam Z. 2 l. 97,27. 193,22. — ib. ine. -inat Z. 2 l. 191,17. — S. 16 ire. -ĕriam Z. 2 l.83,15. — ib. ire. -ĕrium tilge 157,5. — ib. irent Z. 2. l. 79,11. — ib. is. -ioi l. 52,12. — ib. is. -icus l. 179,13. — ib. ise l. -isam st. isiam; 117,9 st. 116,9. — S. 17 ise. -isat Z. 2 l. 128,26. — ib.ise. -*itia l. 151,18. — ib. ise. füge ein: -iso prs. i. 1. s. +-isiam; devise 184,2. -ltium sb. o. +-isam, -itiam

:servise 156,6; 5,29. 70,2. — ib. *ist.* -itcit l. 191,15. — ib. *ist.* -isit Z. 3 L 47,1 st. 44,1. — S. 18 *oeue* Z. 8 l. 162,8 st. 162,3. — ib. *oër* L (o)*ër.* — ib. *oie.* -iat l. 77,7 st. 97,7. — S. 19. *oigne* -uniam Z. 2 l. 63,21 st. 63,11. — ib. *oir* Z. 2 l. 1,13 st. 1,3. — Z. 4 l. 169,28 st. 167,23. — Z. 6 l. 80,21 st. 10,21. — S. 20 *on.* -*one l. 190,29. — ib. *onde* Z. 1 l. 108,18. — ib. *onde.* -unda a. Z. 2 l. *parfonde* 108,19; monde 44,8. — ib. *onde.* -undus l. + -unda : monde 44,9. — S. 21 *or.* 1) = *òr.* 2) = *ór*; vgl. *eur.* — ib. *òrs* Z. 4 l. -*orpus* :*hors* 59,28. — ib. *òt.* Z. 1 l. 98,7 st. 78,7. — ib. *òt.* Z. 1 v. u. l. 39,6 — S. 22 *outes* Z. 2 l. 138,28. — Z. 4 l. 29,23. — ib. *ue.* Z. 5 l. 113,5 st. 113,15. — S. 23 *urent* Z. 2 l. 36,26 st. 26,36. — ib. füge ein: *ust.* -uisset: ∞ : 5,19. 29,18. 34,27. 76,13. — S. 41 Secundäre Femininbildung nach neufranzösischer Art fehlt noch, denn der Reim *tcles:ceneles*, welcher im Rimarium ausgefallen, ist in *celes:ceneles* zu bessern — ib. In der 1.prs.i. der a-Conjugation begegnet schon -e, doch nicht immer, vgl. *devise* neben *devis.* — S. 44 füge ein: *anuitant* (al a.) 68,21. — S. 45 füge ein: *cries* (st. *teles*) o. 196,10.

Abkürzungen.

v = Vocal.	= gebunden mit.
c = Consonant.	: im Reim.
∞ = Doppelconsonanz.	∞ indifferent.
a° = a vor Consonant.	s. a. sekund. Auslaut.
a∞ = a vor Doppelcons.	aₙ = a vor Nasal.